Regional Banks Cooperation
—Charm of its Diversity

㈱浜銀総合研究所 社長
伊東　眞幸［著］

# 地銀連携

## —その多様性の魅力

一般社団法人金融財政事情研究会

# はじめに

地方銀行（以下「地銀」）にとって、「経営戦略」がさほど重要でない時代があった。量さえ拡大すれば、収益は後からついてきた時代である。翻って、現在、地銀は「急激かつ変化の激しい経営環境」のなかで苦しんでいる。そして、いまこそ「経営戦略」がきわめて重要な意味をもつのである。

地銀にとって、「経営戦略」とは何であろうか。いうまでもなく、中長期的にみて、自行の進むべき方向性を示す経営上の「基本的考え方」である。そして、それは経営者の頭のなかにしっかりと〝ブレ〟ずに存在するだけでなく、行員、株主（投資家）、顧客といった、いわゆる「ステークホルダー」にもはっきり明示されなくてはならない。

すなわち、①銀行という組織の各階層において、さまざまな「判断」を迫られる行員にとって、それはそうした判断の明確な「基準」となり、また②「企業がこれからどうなるのか」に強い関心をもつ株主（投資家）にとって、それは「株を持ち続けるか否か」の判断の大きな「参考」となり、さらには③「金融上のよきパートナー」である顧客にとって、それは今後もよきパートナーで「あり続けられるかどうか」判断する一つの「目安」

**図表0－1　各ステークホルダーにとっての「経営戦略」の意味**

| ステークホルダー | 「経営戦略」の意味 |
|---|---|
| ①行員 | 業務上、個別判断を行う際の明確な「基準」 |
| ②株主／投資家 | 「株を持ち続けるか否か」の判断の大きな「参考」 |
| ③顧客 | 今後とも「金融上のよきパートナー」であり続けられるかどうかの判断の一つの「目安」 |

となるからである（図表0－1参照）。

この「経営戦略」を策定するにあたり、当然のことながら、経営者はだれよりも深くこれにかかわらなければならない。経営者自らがかなり細かいところまで指示を出し、策定作業に関与するトップダウン型もあるが、多くの場合は、経営企画担当者に「たたき台」をつくらせ、時間をかけて「揉みながら」、最終的に経営者が決断するというボトムアップ型アプローチをとるところが多い（図表0－2参照）。

ただ、後者の場合であっても、経営者はまず中長期を見据えた「大きな方向性」（「骨太の考え方」）をはっきりと明示することが重要である。そして、その「骨太の考え方」は、経営者のこれまでの銀行での「経験」やそこから生み出された「見識」、そしてさらには奥深い「人生観」などを背景として、人一倍重い「責任」とだれにも負けない「自行に対する熱い思い」を「核」としてできあがるものなのである。

図表0－2　経営戦略策定のアプローチ

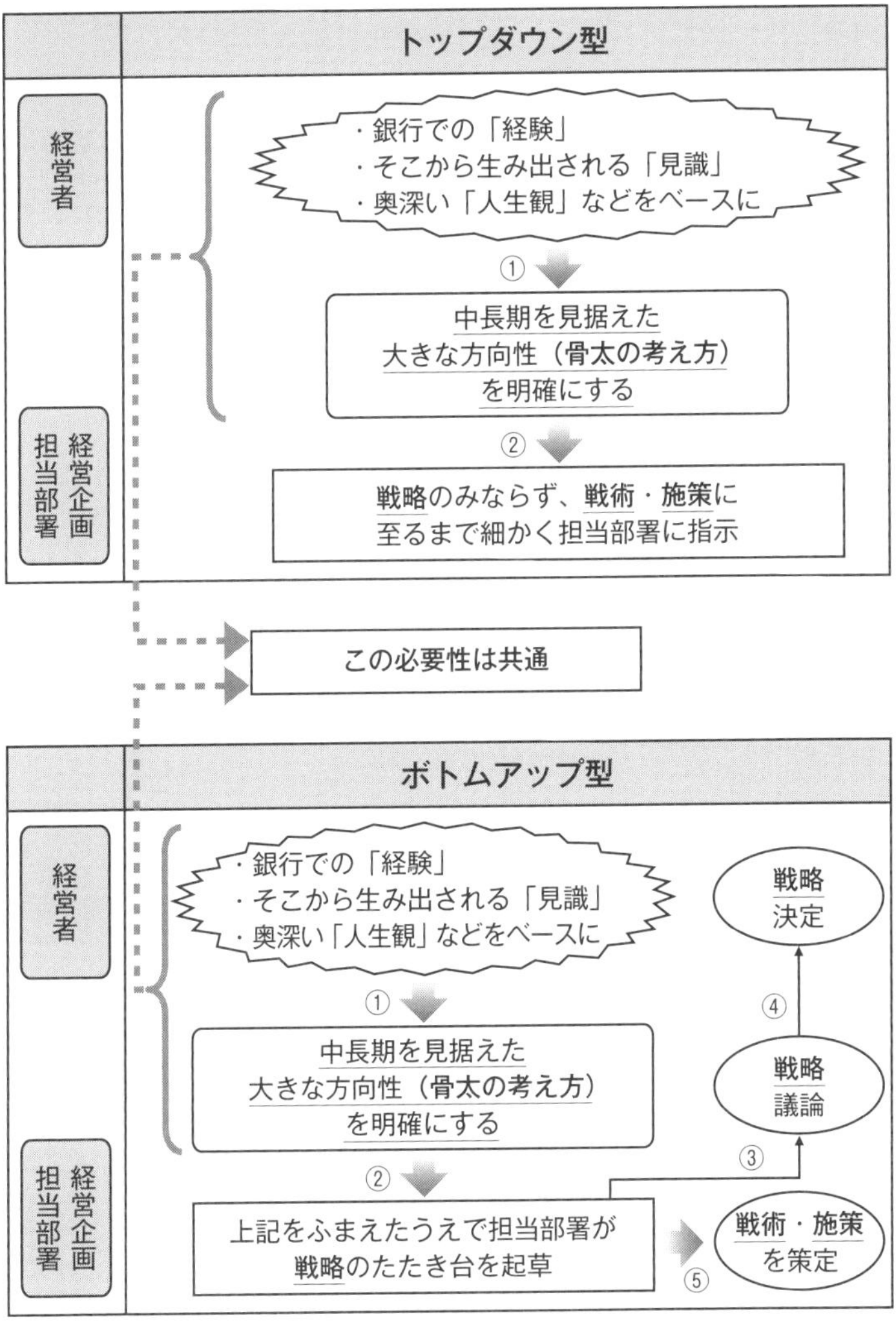

このように「経営戦略」はいまの時代、地銀にとってきわめて重要であることは明白である。しかしながら、こうした「経営戦略」を立派に策定し、行内において、その計画どおりに態勢をつくりあげ、行員が目標達成に向けて懸命に努力したとしても、必ずしもその実効性を担保できるものではない。

すなわち、地銀にはさまざまなライバルが存在し、日夜、熾烈な競争を繰り広げている。なかでも、大手行との競争は今後ますます激しくなることが予想され、その対抗策をしっかりと考える必要がある。そして、この強力なライバルの提供する商品・サービスは、現状でもきわめて水準の高いものであると同時に、日々、凄まじいスピードで進化していることから、地銀としても相当な気構えでこれに臨まなければならない。

しかしながら、大手行に対抗し一つの地銀で態勢強化を一挙に推し進めようとしても、おのずと限界があり、結果として十分な対応を行うことができない可能性がある。ただ、こうしたことも、地銀が集まり効果的な連携をとることにより、さまざまな場面において大手行に十分対抗できるものと筆者は考えるのである。

すなわち、今後の地銀の「経営戦略」は自行のなかでの「閉じた」ものではなく、自らの態勢を強化するとともに、他の地銀に対しても効果的な連携の「絆」をもつ「開かれた」ものでなくてはならないと確信している。

本書の内容は、二〇一三年九月から二〇一四年三月にかけて『週刊金融財政事情』に連載したものをベースに加筆したものである。

二〇一四年三月

株式会社浜銀総合研究所
代表取締役社長　**伊東　眞幸**

目　次

## 第1章　地銀連携の意義と深化

## 第2章 地銀連携の展開(1)
### ——取引先を対象とした有料コンサルティング専門チームの共同設置

## 第3章 地銀連携の展開(2)
### ——融資判断・営業推進に資する産業調査専門チームの共同設置

## 第4章 地銀連携の展開(3)
### ——ビッグデータを使ったマーケティングモデルの共同開発

## 第5章 地銀連携の展開(4)
### ——地銀共同センターを活用したビジネスマッチングの実施

## 第6章 地銀連携の新たな「魅力づくり」を目指して
### ――連携はそれぞれの地銀の多様性を高める

## コラム

# 第1章

# 地銀連携の意義と深化

【ポイント】

① 地銀連携は「コスト削減指向」から「トップライン増加指向」へ深化させるべき。

② 具体的には「情報交換・情報提供」型ではなく、「戦略共創・ノウハウ共有」型連携に。

③ 地銀本部企画部門若手育成の観点からも「戦略共創・ノウハウ共有」型地銀連携は重要。

## 1 地銀連携の原点

地銀連携の必要性がいわれて久しい。

コストが莫大にかかるＩＴシステム共同化（主として勘定系）がその原点であった。共同化を行うことによって一行当りのＩＴシステムコストを少しでも削減することを目的とした、いわゆる「コスト削減指向」の地銀連携である。

ただ、この共同化もすんなりと進んだわけではなかった。共同化をすると、「商品開発をはじめとして自行の独自戦略が展開しづらくなるのではないか」「意思決定に時間がかかるためタイムリーな商品開発ができなくなるのではないか」といった危惧を理由に反対する経営者も存在したからである。

しかしながら気がついてみると、共同化を行う地銀グループがいくつも誕生し、地銀のなかでＩＴシステム共同化を行っていない銀行は現状、圧倒的に少数派になっている。多くの地銀経営者が最終的に「割り切り」を行い、ＩＴシステム共同化を選んだ背景には、他に先んじて共同化に踏み切った地銀経営者たちの次のような経験談も参考になったと思われる。

「銀行が必要とするＩＴシステム機能はどの地銀でも基本的にはほとんど変わらず、違いがあるとすれば、伝統的に使われている「業務上の用語」や「業務フローのディテール」くらいである。慣れ親しんだＩＴシステムを手放すのは辛い（特に長年それをつくりあげてきた自行のシステム部員にとってはいちばん辛い）が、ユーザーである現場の行員が一定期間、新しいシステムに慣れる努力さえすれば、ほとんどの場合、時間の経過とともに、それも比較的短期間のうちに新しいシステムに順応していくものである。そして、事前に危惧していた「独自の戦略展開」や「タイムリーな商品開発」への支障もほとんど見受けられない」

銀行にとって不可欠なコスト削減という大目標を達成するためには、自行にとって致命的となるような弊害は当然受け入れられないものの、多少の苦労には目をつぶるという、「中長期的な展望に立った大所高所からの経営判断」である。

## 2 「コスト削減指向」から「トップライン増加指向」へ

その後、地銀を取り巻く経営環境はさらに厳しさを増し、昨今では貸出の伸び悩み、利鞘の縮小、マーケットでの資金運用難など、トップライン（業務粗利益）を維持するどこ

**図表1-1** 地銀連携の形態と深化について

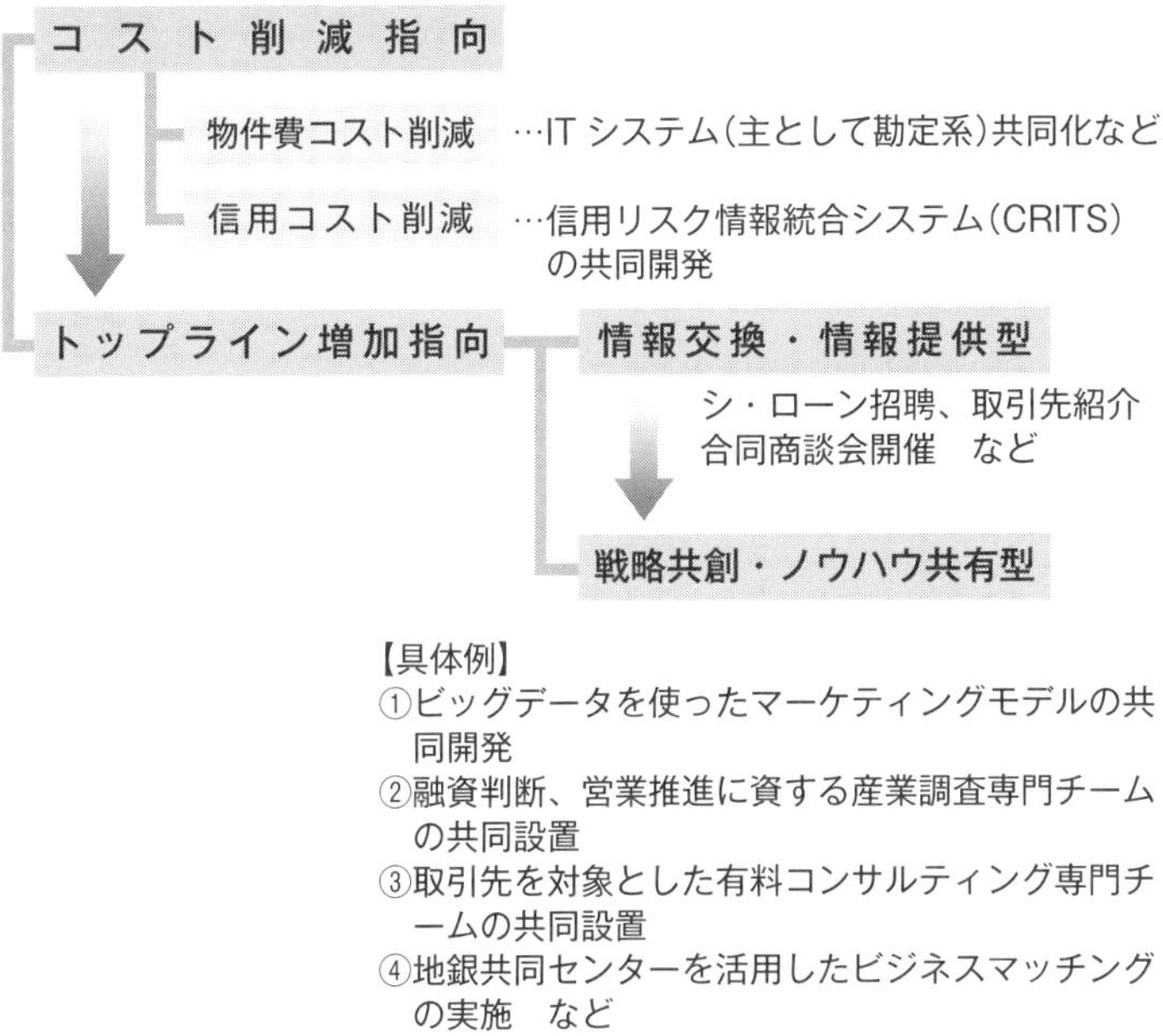
コスト削減指向
物件費コスト削減
…ITシステム(主として勘定系)共同化など
信用コスト削減
…信用リスク情報統合システム(CRITS)の共同開発
トップライン増加指向
情報交換・情報提供型
シ・ローン招聘、取引先紹介
合同商談会開催　など
戦略共創・ノウハウ共有型
【具体例】
①ビッグデータを使ったマーケティングモデルの共同開発
②融資判断、営業推進に資する産業調査専門チームの共同設置
③取引先を対象とした有料コンサルティング専門チームの共同設置
④地銀共同センターを活用したビジネスマッチングの実施　など

ろか、黙っていれば前年のトップラインをも下回ってしまう厳しい状況が続いている。

こうした厳しい状況のもとでは、何よりも「トップラインを維持・向上させていく」ことを目的として地銀連携を行うことがきわめて重要である、と筆者は考える。すなわち、「コスト削減指向」の地銀連携が何とか定着した現在、今後は「トップライン増加指向」の地銀連携に深化させるべきではないか、というのが筆者の問題意識である。

これまでも「シンジケートローン組成にあたり、他地銀も招聘して地銀連合で取り組む」ことや、自行の取引先が遠く離れた他地銀のテリトリー内に工場・支店などを新設した際に「新しい取引行として他地銀を紹介し合う」、また「国内外で地銀合同商談会を行う」(これは一部、コスト削減指向提携に該当すると思われる)といった、いわゆる「情報交換・情報提供」型の地銀連携は行われてきた。

ただ今後は、こうした従来の連携の枠を超えた新たな「トップライン増加指向」の地銀連携モデルをつくりあげることが重要である、と筆者は考える。すなわち、「どのような顧客に対して」「どのような商品を」「どのようなタイミングで」「どのように販売していくか」という、まさに「営業の核心となる基本戦略」にかかわる「戦略共創・ノウハウ共有」型の地銀連携である(図表1－1参照)。

## 3 厳しさを増す地銀の経営環境

そういう話をすると、システム共同化のときと同様に、「営業戦略の核心などは間違っても他行とは話せない」「それこそ企業秘密だ」「やりたくてもそれぞれの地域のマーケットは一様ではなく現実的ではない」などといった反論が出てくることが十分予想される。

日本はいよいよ人口減少の時代に突入し、約一、六〇〇兆円といわれている個人金融資産もさらなる増加は期待しにくく、今後、その限られたパイの争奪戦はますます厳しくなることが予想される。また、運用サイドをみても、長期低落傾向にある企業向け融資が力強く反転増加する可能性も薄い一方、住宅ローンについては近年、利鞘の縮小が驚くべきスピードで進み、かつ近いうちにそのボリューム自体も頭打ちになるのは確実であると思われる。

そうした時代背景やマクロ経済環境のなかで、多くの地銀がそれぞれの地域で、日々さまざまな競争相手と熾烈な競争を繰り広げているのは周知の事実である。

郵貯、信金、信組、農協、政府系金融機関、そして場合によっては他の地方銀行など、さまざまな競争相手がいると思われるが、「中長期的」にみて、何といっても手ごわいのはメガバンクをはじめとした大手金融機関であろう。

従来から、「取引先を攻める際の低金利攻勢」や「担当する行員のレベルの高さ」、さらには「本部に控える各種専門部隊の質の高さ・層の厚さ」などを理由に大手金融機関に対して脅威を感じる向きが多かったが、最近では、取引先のニーズにマッチした商品・サービスの的確かつタイムリーな提供を含めた、より「戦略的な営業攻勢」に対する脅威が増大している。

取引先のことは地元の地銀がいちばんよく知っており、各県で一～二カ所程度の拠点しかもたない大手金融機関に負けることなどありえない、と思う地銀経営者もいるかもしれない。たしかに、主要な法人取引先や個人富裕層についてはそのとおりかもしれないが、それ以外の取引先についてもはたして同じことがいえるのであろうか。

## 4 「戦略共創・ノウハウ共有」型地銀連携へ

当然のことながら、地銀がマス先を含めたすべての取引先に対して渉外担当者を個々に張りつけ、管理先として定期的に訪問することなどまず不可能であり、その多くの取引先については自発的な来店を待つしかない。また、一方で地銀を含めた銀行の来店客数は年々確実に減少し、幸い来店されても行員が座る窓口に足を運ばず、ＡＴＭで用をすませる取引先が増加しているのも事実である。

このような状況のなかで、取引先一社、一人ひとりのニーズを確実に汲み取り、商品・サービスを的確かつタイムリーに提供し、取引先を満足させることが本当にできるのであろうか。そして大手金融機関などの攻勢を寄せつけることなく、それぞれの地域マーケットにおいて、地銀は今後とも「圧倒的な優位性を維持し続けることができる」と、はたして言い切れるのであろうか。

筆者は客観的にみて、そうしたことは近い将来、相当程度むずかしくなるものと予想する。そしてそれだからこそ、いまのうちにその対抗策を考えておかなければならず、その有力な選択肢の一つが「戦略共創・ノウハウ共有」型地銀連携であると考える。

すなわち、多くの地銀の企画担当者が定期的に一堂に会し、「どのような顧客に対して」「どのような商品を」「どのようなタイミングで」「どのように販売していくか」という、まさに「営業戦略の核心」について「侃々諤々・喧々囂々」の議論を行い、「地銀ならではの目指すべき営業戦略」をつくりあげていくのである。

これは、どのような地域においても通用する、ある意味「汎用性」のある「基本戦略」であり、各行はそれをベースに各々の地域の実情に即して微調整（ファインチューニング）

を加えることによって「より実効性の高い営業戦略」を練り上げ、各々のホームマーケットにおいて実際の営業に生かしていくことになる。

ただ、こうした汎用性のある「地銀ならではの目指すべき戦略」を各地銀が単独で練り上げていくのは残念ながらきわめてむずかしく、多くの地銀の知恵を集めることによって、はじめてできあがるものと筆者は考える。

たとえば、「ビッグデータを使ったマーケティングモデルの共同開発」や「融資判断・営業推進に資する産業調査専門チームの共同設置」、そして「取引先を対象とした有料コンサルティング専門チームの共同設置」、さらには「地銀共同センターを活用したビジネスマッチングの実施」など（個々のテーマの詳細については、第2章以降で論じることとする）はこうしたテーマの一例であろう。

## 5 CRITSはビッグデータ活用による地銀連携のはしり

ビッグデータといえば、二〇〇四年に全地方銀行六四行が取引先約六〇万社の信用リスク関連、財務、取引などの情報を持ち寄って共同でデータベースをつくり、それを活用して「信用リスク情報統合システム（ＣＲＩＴＳ）」を構築した。そして、現在も参加行全行の努力により、ＣＲＩＴＳに蓄積されている取引先の諸情報は常に更新され、全国地方銀行協会が中心となってその効率的な運用が行われている。

地銀各行は自行の適切なプライシング、内部格付、信用ポートフォリオ分析などの信用リスク管理全体の高度化のため、このＣＲＩＴＳをおおいに役立てており、結果として各行の「信用コスト控除後の利益拡大」にも役立っているものと確信している。

その意味においてＣＲＩＴＳは「ビッグデータ活用による地銀連携のはしり」であるとともに、いまや世界に誇れる「信用リスク管理にかかわる重要なインフラ」となっているのである。そして今後、その「活用分野の拡大」や、「より戦略的な活用」が期待されるところであるが、筆者がいま、ここで問題としているのは、あくまで、「トップラインの増加」なのである（図表１－２参照）。

2004年に地銀64行が、取引先約60万社の信用リスク、財務、取引などの情報を持ち寄って、共同でデータベースをつくり、それを活用して開発した

参加行全行の努力により、CRITSに蓄積されている取引先の諸情報は常に更新され、全国地方銀行協会が中心となって運用している

参加各行の適切なプライシング、内部格付、信用ポートフォリオ分析などの信用リスク管理全体の高度化に大きく貢献している

顧客の取引情報に基づき、顧客のニーズやポートフォリオを探知して、どのような助言や営業が効果的か予測（分析）するモデルを開発し、タイムリーな営業を行うことにより業績向上につなげる

大手地銀数行で、顧客の取引情報を共有した場合（当然、匿名性は担保）、情報件数はメガバンクのそれに匹敵し、地銀１行で行った場合に比べ、予測（分析）精度は格段に高まる

また、各行の優秀な担当者の「知見」を持ち寄り、モデル化することにより、単独行の開発に比べ、より多数の効果的なモデル開発が可能となる

2013年、地銀数行でMCIFの共同利用開始
今後、マーケティングモデルの共同開発を順次行っていく

図表1－2　ビッグデータを活用した地銀連携の広がり

①　信用リスク情報統合システム（CRITS）の共同開発

信用コスト控除後利益拡大に貢献

②　マーケティングモデルの共同開発

トップラインの拡大に貢献

## 6 連携をふまえた地銀個別行の存在意義

繰り返しになるが、メガバンクをはじめとした大手金融機関の総合力はきわめて高く、地銀一行でこれに対抗していくことは現実的にはなかなかむずかしい。それは、残念ながら財務面や人材面における「層の厚さ」や商品開発力を含めた「戦略企画力の強さ」など、いわゆる「総合力の違い」に基づく「力の差」である。しかしながら、地銀が「小異を捨てて大同につく」戦略的な連携をすることができるのであれば、これに対してきわめて効果的かつ強力に対抗できるものと筆者は考える。

そんなことをしたら、「地銀個別行の存在意義」がなくなるのではないか、と心配する向きもあるかもしれないが、それは無用な心配である。

いうまでもなく、地銀はその一部は第二次世界大戦後に設立されたところもあるが、多くはそのルーツを明治初期の国立銀行にさかのぼることができるような長い歴史をもち、また、そのほとんどは地元各県をホームマーケットとする「地域に根差した金融機関」である。

　そして、基本的にはその地域に暮らし、活動を行う個人や中小企業をその顧客基盤として長年営業を行ってきた。そうした意味で「地域とともに発展し地域とともに栄える」ことが地銀の使命であるといってよく、長い歴史のなかで地銀はそうした顧客と「深い信頼関係」を築き上げ、いまやお互いになくてはならない「金融上のよきパートナー」となっているのである。

　また、地銀の行員もそうしたことに「生きがい」を感じ、顧客への適切な金融サービスの提供を通じて「地域の発展に貢献する」ことに「自らの使命」を見出し、地元において、日々高いモチベーションをもって働いているのである。

　地銀が個々の顧客に対して「どのような商品を」「どのようなタイミングで」「どのように販売していくか」を考えるにあたり、仮に地銀連携によりつくりあげた「目指すべき営業戦略」をその「基本モデル」として利用したとしても、各々のホームマーケットの実態にあわせて、それをファインチューニングして「より実効性の高い戦略」に練り上げ、実際の営業に生かしていけるのは「地元地銀」をおいてほかにないのである。

　加えて、顧客である個人や中小企業にとっても、深い信頼関係で結ばれた「金融上のよきパートナー」である地元地銀から自らの欲する金融サービスを提供してもらえば、これほど安心できることはなく、そういう意味からも「地銀個別行の存在意義」はなくなるどころか、今後ますます増大していくものと筆者は確信している。

## 7 本部企画部門の若手育成にも有用

さらに、こうした「戦略共創・ノウハウ共有」型連携では、地銀各行の本部若手行員同士が昼夜を分かたず議論を重ね、最終的に一つの方向性に議論を収斂させて戦略を組み立てていくことになると思われるが、そうした議論を通じた若手同士の「切磋琢磨」が各地銀の若手を「磨き上げ」「鍛え上げ」て、以前とは見違えるほどたくましくしていくものと考える。

そしてこうしたことは、おのずと行員の数に限りのある地銀各行単独では決してできないことであり、そういう意味からも「人材育成」、それも「本部企画部門の若手育成」におおいに資するものと考えられる。

このように「戦略共創・ノウハウ共有」型地銀連携を行うことにより、地銀各行が「実効性の高い戦略」を練り上げ、実際の営業においてこれを実践することにより、それぞれの地域マーケットにおいてメガバンクをはじめとした大手金融機関との競争に確実に勝ち残れるよう、いまこそ地銀経営者の「中長期的な展望に立った大所高所からの経営判断」が期待されるところである。

## コラム 1

### 極端に絞った採用で法人渉外業務にツケが回る？（その1）

#### ――個人渉外担当者と法人渉外担当者の違い

どの地銀も行員の教育には頭を痛めている。特に、若手を一人前の渉外担当者に育てることは大変だ。何しろ、バブル崩壊後、行員の総数を削減するなかで、採用人員も大きく減らし、その際入行してきた行員がいまや中堅・役席として活躍している。

しかしながら、彼らの人数は絶対的に少ないことから、後輩や部下を昔のように一人ひとり丁寧に指導する時間がない。それどころか、彼ら自身の業務量が増え、業務の質の高度化・多様化が進んだことから、後輩や部下と満足にコミュニケーションをとることさえおぼつかないのが実態かもしれない。

こうして、地銀の行員教育の基本とさえいわれたＯＪＴ（オン・ザ・ジョブ・トレーニング）は、昔のようにはうまく機能しなくなったのである（図表1－3参照）。

それでも個人渉外担当者はまだいい。中途採用で外部に人材を求めれば、たとえば証

**図表1－3　地銀のOJTが崩壊した理由**

| A　根本的な原因 | B　左記Aにより引き起こされた事柄 | C　左記Bにより結果として起きた事柄 |
|---|---|---|
| ①採用人員の急激かつ大幅な減少 | 役席になる年次の行員の絶対数減少 | 新入行員をOJTで教育する余裕の減少 |
| ②行員全体数の減少 | 役席の管理スパンや中堅行員の業務量拡大 | |
| ③業務の高度化・多様化 | 役席・中堅行員の業務の質・密度の上昇 | |

券会社・保険会社などから多くの人材が応募し、入行後、銀行業務に慣れるための教育を行いさえすれば、多くの場合、これまで培った経験や知識を生かして「即戦力」として活躍してもらえる場合が多いからだ。

これに対し、法人渉外担当者の場合は若干「趣」を異にする。すなわち、中途採用を行おうとしても、まず応募してくる人材がきわめて少ない。なぜなら、仕事の性格上、こうした仕事をこなせるのは、これまで銀行か信用金庫などの金融機関で同様の仕事に携わっていた人材に限られるからである。そして、ほとんどの組織で、そうした法人渉外担当者はいわゆる「花形」的な存在であり、よほどのことがない限り、「転職をしよう」とは考えないからだ。

しかし、なかには、どうしても家庭の事情で転居せざるをえず、それを機に「転職」を考える法人渉外担当者もおり、またキャリアアップの一環として、希望する金融機関に「転職」したいと考える者もいる。しかし、めでたく転職を果たしても、新しい職場では、多くの場合、非常に厳しい現実が待っている、すなわち、仕事のうえで「言葉」が通じず、仕事の「勝手」が転職前と大きく異なるのである。言い換えれば、仕事を行ううえでの「用語」の使い方が違い、また仕事を処理するフローが違うのである。

「何をそのくらい」と思うかもしれないが、これは仕事を行ううえで「致命傷」となる場合が多い。それでは、個人渉外も同じではないか、と思う向きもあるかもしれないが、法人と個人（主として「預り系」）とでは、かなりようすが違うのである。

つまり、「投資信託」や「保険」の商品説明で必要な「用語」は当然全国共通であり、これは証券会社や保険会社に勤めようが、銀行に勤めようが変わらない。また、こうした商品にかかわる仕事を処理するフローも、証券会社・保険会社と銀行では多少違いがあるかもしれないが、仕事を処理するフロー自体はそれほどむずかしいものではない。

したがって、個人渉外担当者として中途入行してくる「転職組」は「預り系」であれば、比較的スムーズに一人前の行員へと成長することができるのである。

コラム2

## 極端に絞った採用で法人渉外業務にツケが回る？（その2）
### ――中途入行の法人渉外担当者を待ち受ける三つのハードル

法人渉外では、たとえば銀行によって長期貸出・短期貸出の定義が違うように、商品の定義やその内容について、銀行間でかなり差異がある。こうしたことは、法人渉外担当となった中途入行者が、取引先で契約にかかわる細かい内容を詰める際に、まず苦労する事柄であろう。これが中途入行者にとっての一つ目のハードルである。

それを何とかクリアしたとして、自行に戻り、担当者としての事務を行う際、仕事の内容を表す「用語」の使い方が「以前の職場」とは違い、非常に戸惑うのである。最初はわからないことだらけで、「事務取扱要領」（銀行により名称は違うかもしれないが、いわゆる規定・マニュアルの類である）などをこまめに調べ、仕事を進めていかざるをえない場合もあるが、使われている「用語」の意味がわからないと、何とも調べようがない。これが二つ目のハードルである。

そして、運よくここまでクリアできたとして、最後に待ち構えているのが、担当者自らがやらなくてはならない、端末操作を含めた事務処理である。個々の地銀は融資業務においてそれぞれ長い歴史をもち、それぞれ独自の考え方に基づき、事務処理フローをつくりあげてきた。

また、個人の投資型商品などの「預り業務」に比べ、与信を伴う融資業務では、何事も「堅確」に行う、という「大前提」も影響しているのかもしれない。いろいろな要因が相まって、法人渉外担当者が処理しなくてはならない事務処理は、銀行業務のなかでも「かなり複雑」である。これが三つ目のハードルである（図表１－４参照）。

**図表１-４　中途入行の法人渉外担当者を待ち受けるハードル**

| | 具体的な内容 |
|---|---|
| 第一のハードル | 商品の定義やその内容が銀行間で異なるため、取引先との契約内容の詰めで戸惑う |
| 第二のハードル | 仕事の内容を表す「用語」の使い方が銀行間で異なるため、行内で仕事を進めるうえで苦労する |
| 第三のハードル | 事務処理フローが銀行間で異なるため、複雑な事務処理を短期間で習得しなければならない |

したがって、ただでさえ忙しいなかで、スムーズに仕事を進めるためには、「転職先」で新たに「かなり複雑」な事務処理フローを早い段階で「習得」しなければならないのである。そして、このような三つの厳しいハードルを無事乗り越えて、めでたく一人前の法人渉外担当者としてゴールインできる「中途採用者」は、現実にはそれほど多くないのである。

それでは、プロパーで採用した人材を、かなりの程度法人渉外担当に回したらどうか、そして、結果として足りなくなる個人渉外担当の穴を中途採用で埋めればいいのではないか、という声も聞こえてきそうである。しかし、当然のことながら法人渉外業務には「向き」「不向き」があり、同期入行組でも、極端に多くの者を法人渉外業務に就かせるのは「非現実的」であることから、このような起用もできない。

したがって、「極端に絞った採用」は法人渉外担当者の数を減らし、結果として、法人渉外業務に「ツケが回る」ことになるのである。当たり前の話ではあるが、なるべく、「極端に絞った採用」はやらないほうがよいようだ。

最近は、ITシステム（主として勘定系）の共同利用により、共同利用する銀行間で、事務処理フローの共通化や、銀行業務で使用する「用語」の共通化が徐々に進められている。その際、預金や内部事務については比較的スムーズに共通化が図られるものの、「融資」業務については、各行の「自主性」が守られ、結果として共通化が進まない場合が多いようだ。やはり「融資」業務は、各行が独自の文化・歴史さらには基本思想をもつ、一種の「アイデンティティー」なのかもしれない。

第2章

# 地銀連携の展開(1)

## ――取引先を対象とした有料コンサルティング専門チームの共同設置

**【ポイント】**

① 地銀は中小企業の取引先から有料も含めコンサルティング機能発揮を期待されている。

② 取引先の期待に十分応えていくためにも「実践性」と「専門性」を備えたコンサルティングの実施が重要。

③「地域とともに発展し地域とともに栄える」という地銀の「使命」を果たすため、取引先に対し、「必要な資金の円滑供給」と同様、「必要なコンサルティングの的確な提供」は必要。

第1章では、「地銀連携の意義と深化」として「トップライン増加指向」の「戦略共創・ノウハウ共有」型地銀連携の重要性を説き、その具体例を四つほど例示した（①ビッグデータを使ったマーケティングモデルの共同開発、②地銀共同センターを活用したビジネスマッチングの実施、③融資判断・営業推進に資する産業調査専門チームの共同設置、④取引先を対象とした有料コンサルティング専門チームの共同設置）。

第2章ではそのうち、「取引先を対象とした有料コンサルティング専門チームの共同設置」について論じてみたい。

## 1 地銀によるコンサルティングの重要性

地銀の融資先に対するコンサルティング機能の重要性は、いまさらいうまでもない。日々取引を行っていくなかで、銀行として何か「気づき事項」があれば率直にその旨を先方に伝え、また先方からも、つど、さまざまな相談が寄せられる。

そうした意味で、地銀は常に融資先と「向き合いながら」、日々コンサルティングを行っているようなものであるが、こうしたことも第1章で述べたとおり、地銀と融資先が互いに深い「信頼関係」で結ばれ、互いになくてはならない「金融上のよきパートナー」であることの「証」であるといってよい。

いささか旧聞に属するが、二〇〇三年三月に金融審議会の金融分科会第二部会が公表した「リレーションシップバンキングの機能強化に向けて」において、「地方懇談会や財務行政モニター等に対するヒアリングにおいても、エンドユーザーの中小企業者から、中小・地域金融機関に対して、円滑な資金供給とともに、預貸業務を通じて得られる情報を活用したコンサルティング機能（中略）の発揮を期待しており、こうしたサービスの提供に対する対価の負担は必ずしもいとわない、との意見が述べられていた」（同報告書一二ページ。文中、傍線は筆者）との記載もあることから、「有料で行われるコンサルティング」についても、中小企業から相応の理解が示され、期待されているといってよいであろう。

## 2 対象先とテーマに基づく九つの分類

さて、それでは地銀による取引先に対するコンサルティングは、現状どのように行われ、その評価はどうなのであろうか。

二〇一二年五月に金融審議会の「我が国金融業の中長期的な在り方に関するワーキン

グ・グループ」から出された「我が国金融業の中長期的な在り方」の報告書によると、「（地域金融機関にとって、）（中略）コンサルティング機能の発揮のための取組みも、顧客企業からみて、有用さを感じるだけの実践性や専門性を十分に備えたものになっていないことも課題である」（同報告書一五ページ。文中、（）内の補記、傍線は筆者）と指摘されているように、現状、必ずしも十分な状況にあるとはいえないようである。

ところで、この報告書には「どのような先」に対する「どのようなテーマ」のコンサルティングについて、上記の指摘がなされているか明確な記載はないが（ことによると記載はあるが、筆者が気づいていないだけなのかもしれないが）、「地銀のコンサルティング機能」を論じるにあたり、便宜上、次のような分類を行ったうえで議論を進めてみたい。

すなわち、地銀がコンサルティングを行う対象先を「経営危機先」「業況不振先」ならびに「成長見込み先」の三つに、また、そのテーマについても「財務関連」「リストラ関連」、そして「その他」の三つに分類することにする。

これを図に表したものが図表2－1である。図表中、★印が記載されている分野が各々の対象先に対して必要と思われるコンサルティングのテーマ分野である。

## 3 地銀によるコンサルティングの現状

次に、各々の対象先に対して、図表2－1で記載した必要なテーマ分野に関し、現状、地銀でしっかりとコンサルティングが行われているかどうかを評価したものが図表2－2である。お断りしておくが、この「分類」と「評価」は、あくまで筆者の「独断と偏見」で行ったものである。

### (1) 「経営危機先」へのコンサルティング

まず、「経営危機先」に対するコンサルティングについ

**図表2－1　対象取引先別に行う地銀コンサルティングのテーマ分野**

| | | テーマ分野 | | |
|---|---|---|---|---|
| | | 財務関連 | リストラ関連 | その他 |
| 対象取引先 | 経営危機先 | ★ | ★ | N/A |
| | 業況不振先 | ★ | ★ | ★ |
| | 成長見込み先 | N/A | N/A | ★ |

(注)　★印は、地銀がコンサルティングを行う必要があると思われるテーマ分野。

てはどうであろうか。

ここでいう「経営危機先」とは、当該企業の財務が相当程度傷んでおり、このままの状態であれば早晩、経営破綻に至る可能性がきわめて高い企業をいう。

結論からいえば、筆者はほとんどすべての地銀において、こうした先に対しては十分なコンサルティングは行っていると確信している。

これは、こうした企業にかかわるコンサルティングのテーマが当面の資金繰り手当などの「財務関連」や人員整理・給与カット、不採算部門の切捨てなどの「リストラ関連」であり、ある意味、銀行員が日頃から「なじみのあるテーマ」であることと、また、いったん当該企業の危機的状況が発覚すれば、否が応でも、すぐさま手をつけざるをえない「緊急性」があることがその理由であると思われる。

**図表2-2　地銀コンサルティングの実施状況に対する評価**

| | | テーマ分野 | | |
|---|---|---|---|---|
| | | 財務関連 | リストラ関連 | その他 |
| 対象取引先 | 経営危機先 | ○ | ○ | N/A |
| | 業況不振先 | ○ | ○ | △ |
| | 成長見込み先 | N/A | N/A | × |

（注）　1．○印は、十分に行っていると思われるテーマ分野。
　　　2．△印は、必ずしも十分に行っているとは思われないテーマ分野。
　　　3．×印は、ほとんどできていないと思われるテーマ分野。

さらにいえば、こうした企業の経営破綻は当該地銀の「債権の毀損」に直接かかわる重要な事項であることから、地銀経営者の関心も高く、そうしたコンサルティングの必要性については銀行全体で共有されているであろうからである。

### (2) 「業況不振先」へのコンサルティング

次に、「業況不振先」についてはどうであろうか。

ここでいう「業況不振先」とは、長年、業況が芳しくないため財務面も脆弱になっており、すみやかに何かしらの対応策を講じないと、数年のうちには「経営危機先」になる可能性が高い先をいう。

たとえば、地域において「重要な産業」ではあるが、将来展望がなかなか見込めないような、いわゆる「衰退産業」に属する企業もこの分類に入るであろう。

こうした企業に対し、地銀は「財務関連」や「リストラ関連」について、十分なコンサルティングを行っていると思われるが、その理由は「経営危機先」に対するのと同様に、自行債権の毀損を極力回避しようとの思いからであろう。

ただ、一方でそうしたこととは直接関係のない「その他」分野のテーマについては、一部の地銀グループを除いて、必ずしも十分に行っているとはいえない状況ではなかろうか。

### (3) 「成長見込み先」へのコンサルティング

最後に、「成長見込み先」についてはどうであろうか。

ここでいう「成長見込み先」とは「現状、健全な財務体質をもち、将来についても一定の展望が見込める先」であるとともに、今後さらなる「成長・発展を目指している」企業をいう。

こうした企業に対しては、一般的には「財務関連」や「リストラ関連」のコンサルティングは必要ではなく、各企業が今後さらなる成長・発展を目指すにあたって自社にどういう問題があり、それをどうやって解決していくのか、というそれぞれの企業の問題意識に応じて、地銀が対応するコンサルティングのテーマが変わってくるものと考えられる。

たとえば、具体的な例として、「経営戦略」系であれば、経営戦略策定、マーケティング戦略策定、組織再編などの支援であったり、「人事」系であれば、人事制度再構築、評価制度改定、人材育成体系構築などの支援、さらには「リスク管理・制度対応」系であれば、リスク管理・コンプライアンス管理、事業継続計画（BCP）構築、国際会計基準（IFRS）導入などの支援があげられよう（図表2－3参照）。

いずれにしても、第1章で述べたように「地域とともに発展し地域とともに栄える」ことを使命とする地銀にとって、こうした地元地域でさらなる成長・発展を目指す財務体質健全な先に対して「必要なコンサルティングを的確に提供していく」ということは、「必要な資金を円滑に供給していく」のと同様にきわめて重要なことであると考える。

**図表2-3 “その他”に分類される「具体的なテーマ例」**

| | 具体的なテーマ例 |
|---|---|
| 経営戦略系 | 経営診断、経営戦略策定支援、マーケティング戦略策定支援、営業力強化支援、市場動向調査、業績管理体制構築支援、組織再編支援、事業承継対策支援 |
| 人事系 | 人事制度診断、人事制度再構築支援、評価制度改定支援、報酬制度（給与・賞与）改定支援、目標管理制度導入支援、人材育成体系構築支援、退職給付制度構築支援、従業員満足度（ES）調査、就業規則改定支援 |
| リスク管理・制度対応系 | リスク管理・コンプライアンス管理支援、事業継続計画（BCP）構築支援、情報管理支援、知的財産管理支援、国際会計基準（IFRS）導入支援、公益法人制度対応支援、ISO 認証取得支援 |

とはいうものの、現状ここの部分が十分にできているかというと、残念ながら一部の地銀グループを除いては、ほとんどできていないというのが実態であろう。

## 4 コンサルティング業務改善の必要性

それでは、今後とも「現状のままでいい」というのであろうか。結論は「否」である。現状、「成長見込み先」からコンサルティングのニーズが示された場合、自行グループで対応するのがむずかしいことから、多くの地銀は親しくしているコンサルティング会社を当該取引先に紹介するであろう。しかしながら、筆者は「こうしたことをいつまでも続けるのは好ましくない」と考えるのである。

その理由はいうまでもないことであるが、あえていえば次の三点である。

まず一点目は、取引先が抱える問題点について、地銀自らがその解決に向けて深くかかわることがないため、結果として多くの中小企業が「克服したい課題」の認識と、それに対する「解決のアプローチ」などのノウハウが、いつまでたっても自行に蓄積されないことである。

また二点目は、本部・関連会社において、ある程度の実践性・専門性のあるコンサルティングを自ら行える行員を、そして営業店においてコンサルティングにかかわる取引先のニーズを敏感に感じ取れる行員を、育成することができないということである。

そして三点目は、そうしたことを繰り返していると、いつしか当該取引先との「信頼関係」も希薄となり、結果として当該企業との取引を大手行にもっていかれてしまう危険性が出てくる、ということである。

それでは、どうしたらこのような事態を改善することができるのであろうか。

筆者は、その重要な選択肢の一つは、地銀連携による「有料コンサルティング専門チーム」の共同設置である、と考える。

## 5 「有料コンサルティング専門チーム」共同設置のメリット

これを行った場合のメリットは次の三つであると筆者は考える。

まず一つは、当該「専門チーム」が全体として多くの仕事をこなすなかで、取引先の多くがどういうことを問題点と考え、また、それに対する効果的な解決策は何か（それも実施した後の効果なども含めて）などのノウハウが同チームにしっかりと蓄積されていくことである。

そして、そうしたことが繰り返し着実に行われることにより、結果として将来、他の取引先に同種類のニーズが発生した場合、「より短時間」で「より効果的」なコンサルティングを提供できることになる。

二つ目は、行員に対してコンサルティングにかかわる実践的・専門的な教育を行うことができるという点である。コンサルティングにかかわる教育は、いくら長時間の「座学」を行っても、なかなか「身につく」ものではなく、他のプロたちと一緒になって実践していくことが、「何よりの早道」なのである。

仮にこの分野で、将来「核となる人材」を自行のなかでもちたいということであれば、この「専門チーム」に四～五年のタームで行員を派遣すればよい。他のプロと切磋琢磨して業務を行っていくなかで、着実に「実践性」と「専門性」をもった「コンサルティングの核となる人材」が育っていくことであろう。

また、一～二年程度の短期派遣であっても、少なくとも取引先が求めているコンサルティングニーズの種類やその重要性、また、それを行っていくうえでの困難性なども一通りわかる渉外担当者は育つはずである。

そして三つ目は「戦略共創・ノウハウ共有」の実践ができるということである。

すなわち、これからさらに成長・発展する可能性を秘めた「成長見込み先」が抱える問題に関して、「専門チーム」に参画する地銀各行の行員が、それこそ、「侃々諤々」「喧々囂々」の議論を行い、解決策を練り上げるのである。

そして、そうした経験を積み重ねることによって、「どのような企業」には「どのような問題点」が内在しがちであり、その場合には「どのような解決策」の提案を行うべきだ、という、ある意味「コンサルティングにかかわる営業戦略」を皆でしっかりと議論して「戦略をともにつくりあげ」、互いに「ノウハウを共有する」ことができるのである。

## 6 有料コンサルティングにこだわる理由

ところで、なぜ有料にこだわるのか、と思われる読者もおられると思うが、簡単にいえば主な理由は次のようなものである。

まず、コンサルティングのサービス内容の「質」が間違いなく向上するからである。有料となれば他社との受注競争が起き、価格競争と同時に「質の競争」にも当然さらされる。そうしたなかで受注をとれるよう努力することによって、質は間違いなく向上する。

次に、コンサルティングを行う担当者のインセンティブが間違いなく向上する。取引先にとってみれば料金を支払う以上、当然要求も厳しいものとなってくるが、そうした取引先のさまざまな要求を満たしたうえで対価をいただき、結果として取引先から感謝されれば、担当者の達成感もひとしおであり、仕事に対するインセンティブは間違いなく向上する。

そして最後は、銀行としてもコンサルティング部門を単なるコストセンターとして置いておけない時代になっているということである。逆に収益を生まない部門だからという理由で、この部門に優秀な人材を配置しないのであれば、結果として取引先のニーズに十分応えることはむずかしくなり、本末転倒になってしまうからである。

## 7 企業のさらなる成長・発展を目指したコンサルティングを

さて、地銀連携により「有料コンサルティング専門チーム」を共同設置した場合、その守備範囲は当面、地銀各行で現状なかなか手が回らない、そして結果としてノウハウが蓄積されていない「成長見込み先」の「その他」のテーマ分野となるであろう。

コンサルティングというと、何か受け身的なものと思われがちであるが、決してそんなことはない。特に「成長見込み先」については「さらなる成長・発展」を目指して、自らの問題点を積極的に洗い出し、それに対する的確なアドバイスを求めている「前向き」な企業が多いはずである。

そうした企業には、現在考えられる「問題点」と「解決の方向性」を示しながらコンサルティングの提案を行えばいい。このような企業は、そうした担当者の「積極性」を必ずや前向きに評価してくれるであろうし、そしてそれが結果として預貸取引を含めた取引全体に対してもよい影響を及ぼしてくるに違いない。

繰り返しになるが、「地域とともに発展し地域とともに栄える」ことを使命とする地銀にとって、地元地域でさらなる成長・発展を目指す財務体質健全な先に対して「必要なコンサルティングを的確に提供していく」ということは、「必要な資金を円滑に供給していく」ことと同様にきわめて重要なことであると筆者は考える。

複数行の地銀で「有料コンサルティング専門チーム」を共同設置し、その枠組みのなかで「戦略共創・ノウハウ共有」型の地銀連携を実現し、各地銀が真の意味で「地域とともに発展し地域とともに栄える」という「使命」をしっかりと「果たしていく」ことを切に希望する。

コラム3

## 魅力のある研修は現場を味方につける？（その1）
### ──「関連部」引継ぎ型の研修、三つの懸念

地銀における「行員教育」が最近変化しつつある。ここでは、紙面の都合上、OJT（オン・ザ・ジョブ・トレーニング）を除いた、いわゆる「集合研修」について述べてみたい。

従来から「研修統括部署」はどの地銀においても存在するが、まず自行にとって「どのような行員」（期待される「行員像」）が必要であり、そのためには「どのような階層に「どのような研修」を行い、「どのように育てていく」のか、といった研修の「大きな枠組み」を描くことが、「第一の仕事」となる。

そしてそれができあがると、次は、全体として「どのような規模」（年間の研修参加延べ人数や全体の総労働時間に占める総研修時間の割合など）の研修を行っていくのか、を考えることになる。いうまでもなく、「集合研修」は銀行の「本来業務」を休んで参加す

るため、「本来業務」にかかる負担の規模を考える必要があり、ここではじめて全体としての研修の「費用対効果」が検討されることになる。

当面の業務への影響をじっと我慢して、将来への「種まき」をしっかりと行おう、と考える「地銀」は「大規模」な研修を選択し、逆に、当面の業務への影響を極力「回避」したいと考える地銀は「小規模」な研修を選択するのである。そしてこれが「第二の仕事」である。

これが終わると、次は、「どのようなレベル」の研修を行うかを検討することになる。そして、それを具体化するのは、個々のテーマにかかわる「カリキュラム」内容の決定と、実際に研修を執り行う「講師」の人選である。これが「第三の仕事」である（図表2－4参照）。

いままで多くの地銀では、「研修統括部署」が「第二の仕事」まで仕上げると、個々のテーマの研修について、それぞれ業務的につながりが深いと思われる「関連部」に依頼して、「第三の仕事」以降を「引き継ぐ」、ということが一般的であった。したがっ

**図表２−４　「集合研修の体系」をつくりあげるにあたっての「三つの仕事」**

| | 具体的な内容 |
|---|---|
| 第一の仕事 | 自行にとって「どのような行員」（期待される「行員像」）が必要であり、そのためには「どのような階層」に「どのような研修」を行い、「どのように育てていく」のか、といった「大きな枠組み」を検討する |
| 第二の仕事 | 「どのような規模」で行うのかを検討する（集合研修は、銀行の本来業務を休んで参加するため、本来業務にかかる負担の規模など、研修全体としての「費用対効果」を検討する） |
| 第三の仕事 | 「どのようなレベル」の研修を行うのかを検討する。<br>具体的には、個々のテーマにかかわる「カリキュラム内容」と、研修を執り行う「講師」の人選を検討する |

て、当該業務を引き継いだ「関連部」では、専任あるいは兼任の研修担当者が、代々、部内で受け継がれている「カリキュラム」と「テキスト」をベースに自ら研修を行うのである。

こうした役割分担のはっきりした研修態勢は、それはそれで機能すると思われるが、次の三点において、やや懸念が残るように思われる。

まず一点目は、結果として、個々のテーマの研修の実質的な

「執行」が各部に委ねられるため、研修全体としての執行面における「整合性」がしっかりと保たれるのか、という懸念である。

二点目として、「研修統括部署」は、個々のテーマの「カリキュラム」内容の決定をそれぞれの部に実質「丸投げ」するかたちになるが、はたしてそれで、「第一の仕事」で検討した「どのような研修」という内容に対して、「統括部署」としての責任を全うできるのか、という懸念である。

そして三点目は、実際、行員を教える講師はそれぞれの部の研修担当者となるが、はたして「研修統括部署」が「第一の仕事」で検討し、決定した、「自行にとって「どのような行員」が必要であり、そのためには「どのような階層」に「どのような研修」を行い、「どのように育てていく」のか」といった「高邁な思想」を頭に入れながら、それを実践できるのか、という懸念である。

## コラム4

# 魅力のある研修は現場を味方につける？（その2）
## ――「一気通貫」「専任講師」型研修の〝サプライズ〟

多くの地銀の「研修態勢」が抱える、いくつかの問題点を解決すべく、何行かの地銀で、近年「研修態勢」の大幅な変更を打ち出した。すなわち、「研修統括部署」が、全体として「どのような規模」の研修を行っていくのか、についての検討・決定（「第二の仕事」）が終わった時点で仕事を「関連部」に引き継ぐのではなく、「どのようなレベル」の研修を行うかについての検討・決定（「第三の仕事」）以降についても引き続きこれを行い、いわば研修業務を「一気通貫」で行う態勢をつくりだしたのである（図表2－5参照）。

そして、これと同時に「机上の論理」ではなく「実際の業務に即して」研修を行ってほしい、という、営業店長からの「熱い期待」に応えて、教鞭をとる講師陣として、現状、現場の各業務において「実質トップ」と目されている「第一選抜」の行員を任命す

**図表2-5** 「研修態勢」の変更

| | 検討事項 | | 所管部署 | | |
|---|---|---|---|---|---|
| | | 具体的内容 | 変更前 | | 変更後 |
| 第一の仕事 | 大きな枠組み | 期待される「行員像」 | 研修統括部署 | ➡ | 研修統括部署 |
| 第二の仕事 | 規模 | 費用対効果 | 研修統括部署 | ➡ | 研修統括部署 |
| 第三の仕事 | レベル | 「カリキュラム」「講師」 | 関連部 | ➡ | **研修統括部署** |

ることにしたのである。それも、一般の学校で行われているように、「教える」ことに特化した常勤の「専任講師」として、彼ら・彼女らは各営業店から「研修統括部署」に異動してきたのである。

これは大きな〝サプライズ〟であった。もちろん各業務の「エース」を引き抜かれた支店の支店長にとって〝サプライズ〟であったと同時に、「今回はかなり本気だな」と強い印象を受けたそれ以外の支店長たちにとっても、まさに〝サプライズ〟であったのである。

こうした常勤「講師」は、たとえば「法人渉外」担当となれば、朝から晩まで一年中、あらゆる階層の行員に対して「法人渉外」の研修を行うのである。そして、その内容は自らがまさに、これまで営業店で実践してきたものをベースとするため、当該講師が各階層別に「カリキュラム」をつくり、それをもとに、そこで使用する「テキスト」も作成するのである。

これまでのところ、この「研修態勢」の大幅な変更は、結果として成功しているようだ。初めのうちは全体として研修日数が格段に増加し、結果として日々の「戦力」が低下したことに対して、営業店長も強い不満をもらしていた。ところが、営業店長はしばらくして、「大きく成長」して帰ってきた若手行員の姿をみて、「今度は、こういう研修はできないか」と、逆に前向きな要望を行い始めたのである。この事実からしても、その変容ぶりがよくわかる。すなわち、「魅力のある研修が現場を味方につけた」のである。

逆にいえば、あまり魅力のない研修で実績を出すことができなければ、現場からの支持は得られず、本部（研修統括部署）の「かけ声倒れ」に終わってしまう。何事も新しい「態勢」をつくりあげるだけで終わらせず、実質的な成果をしっかり出せるよう最後までフォローすることが必要なようだ。

こうした優秀な常勤「講師」を常に確保しておくことは、地銀にとってそうたやすいことではない。こうした講師が生徒である行員にいちばん伝えたいことは、たとえば渉外であれば、何も単なる「知識」や「技術」ではなく、いかに取引先とうまくコミュニケーションをとるかという、渉外担当者にとって最も「本質的な」ことであるとするならば、こうした研修分野でも地銀連携が行える余地は十分あるのではないかと思われる。

第3章

# 地銀連携の展開(2)

## ——融資判断・営業推進に資する産業調査専門チームの共同設置

**【ポイント】**

①「急激な環境変化と取引先業況の不透明性拡大」などにより「産業調査」の必要性が増大。

② 地銀連携により設置する「産業調査専門チーム」の作成による「産業調査レポート」（全国版）と、地元地銀が付け加える「地域版」により、地銀らしい「産業調査」を実施。

③「産業調査専門チーム」の成果物を有効活用することにより、地銀は取引先の真の意味での「よきパートナー」となり、地域での存在感を高めていくべき。

第1章で「地銀連携の意義と深化」として「トップライン増加指向」の「戦略共創・ノウハウ共有」型地銀連携の重要性を説き、その具体例の一つとして第2章では「取引先を対象とした有料コンサルティング専門チームの共同設置」について論じた。

第3章では、二つ目の具体例として「融資判断・営業推進に資する産業調査専門チームの共同設置」について論じてみたい。

## 1　地銀における融資審査

いま、「産業調査」が注目を集めている。

「産業調査」とは、ある業種の市場動向や生産・出荷・販売の動き、企業業績の状況などをまとめるとともに、そこで使われている技術の動向や、そこから派生するビジネスモデルの状況、さらには日本国内のなかでまたはグローバルにみて、今後どのような構造変化が起こりうるか、を分析するものであり、言い方を換えれば「業種の実態動向調査」といえるかもしれない。

地銀の代表的な業務といえば預貸金業務であり、なかでも貸出については信用リスクがかかわることから、それぞれの地銀においては融資審査のプロが厳格に「個別案件審査」にあたっている。

**図表3-1** 個別企業の実態動向調査と企業が属する業種の実態動向調査（＝産業調査）

**従　来**

| | ①<br>企業が属する業種の実態動向調査<br>〔産業調査〕 | ②<br>個別企業の実態動向調査 | ③<br>資金使途・返済能力の検証 |
|---|---|---|---|
| 随時<br>（日常的に） | N/A<br>（格付作業を除く） | | |
| 個別案件申込時 | △<br>〔②に付随するかたちで簡単に実施〕 | ○ | ○ |

**今　後**

| | ①<br>産業調査<br>〔企業が属する業種の実態動向調査〕 | ②<br>個別企業の実態動向調査 | ③<br>資金使途・返済能力の検証 |
|---|---|---|---|
| 随時<br>（日常的に） | ○ | N/A<br>（格付作業を除く） | |
| 個別案件申込時 | N/A | ○ | ○ |

多くの地銀では、融資案件の「申込み」があった後（格付作業は別として）、「個別企業の実態動向調査」（なお、これに付随するかたちで「業種の実態動向調査」を簡単に行うことが多い）を行うと同時に「資金使途・返済能力の検証」を行う、という流れで「個別案件審査」を行っている。

したがって、「業種の実態動向調査」（＝「産業調査」）の必要性は、日常の業務のなかではそれほど感じられず、「まあ、あるに越したことはないが」、というのが多くの地銀の本音であろう。

ただ、後ほど述べるように、取引先である中小企業を取り巻く環境が急激かつ大きく変化するなかでは、日頃から（日常的に）当該企業の属する「業種の実態動向」をしっかり把握しておくことがきわめて重要であると思われる（図表3－1参照）。

## 2 いま、産業調査が注目を集める理由

いま、産業調査が注目を集める理由は次の三つであると思われる。

## (1) 急激かつ大きな環境変化と取引先業況の不透明性拡大

前述した取引先中小企業を取り巻く急激かつ大きな環境変化は「スピード」「国際化」「競争の激化」の三つのキーワードに代表される。そしてそれらが原因となり、取引先の事業の「根幹の部分」で何か大きな「ネガティブな変化」が起きている可能性が高く、その潜在リスクが拡大している。

まず「スピード」であるが、昨今、さまざまな技術革新が従来考えられなかったような速さで進んでいる。その結果、優れた「技術」や「ビジネスモデル」をもち、その優位性のもとに、従来であれば一〇年、二〇年といった単位で、安定した業績を残せる優良企業であっても、最近ではその技術などが「きわめて短期間のうちに」新しい技術にとってかわられて「陳腐化」し、当該企業が一瞬のうちにその「優位性を失ってしまう」ことがある。

また、「国際化」についていうと、いまや日本の多くの中小企業は海外に進出しているが、進出国にはそれぞれ政治・経済あるいは自然災害などをはじめとしたさまざまなリスク(カントリーリスク)がある。またそれと同時に、中小企業の現地での販売先となる日系主要メーカーや、その下請け企業などの動向いかんによっては、当該中小企業の業績が大きく影響を受けるなど、きわめて「幅広いリスク」にさらされている。

最後の「競争の激化」についていえば、「グローバリゼーションの急速な進展」の結果、中小企業はいまや、国内のライバルのみならず、世界の有力企業を相手に「国境を超えた激しい競争」を強いられるようになった。その結果、中小企業が他国の企業に、あっという間にその販売先を奪われたり、あるいは自社製品を納めている先の企業自体がグローバル競争に敗れたりして、結果として当該中小企業の事業自体も成り立たなくなる可能性も出てきている（図表3－2参照）。

こうした環境変化の取引先への影響は、個別案件の「審査のつど」、「個別企業の実態動向調査」とそれに付随するかたちで簡単に行う「業種の実態動向調査」

**図表3－2　中小企業を取り巻く急激かつ大きな環境変化とその影響**

| キーワード | 変化の内容 | 企業に及ぼす影響 |
|---|---|---|
| スピード | 技術革新が従来考えられなかった速さで進む | 優れた技術やビジネスモデルがきわめて短期間のうちに陳腐化し、優位性を失う |
| 国際化 | 日本の多くの中小企業が海外に進出する | カントリーリスクや現地日系メーカーの動向等、幅広いリスクにさらされる |
| 競争の激化 | グローバリゼーションの急速な進展 | 国境を超えた競争が激化し、販売先を奪われたり、販売先が倒産したりするなどのリスクが顕在化する |

だけでは十分に理解することができず、当該企業の属する「業種の実態動向」を、随時（日常的に）俯瞰していくことが重要である。そうした意味から「産業調査」が注目されている。

## (2) 「技術力の強さ」に注目した融資拡大への要請

取引先の「事業の核心」を成す「技術力」や「ビジネスモデルの魅力や強さ」を高く評価し融資を行っていくことは、銀行本来の役割としてきわめて重要であるとともに、そうしたことに対しての「社会的要請」が、最近とみに高まってきている。

そうしたなかで、「当該企業の「技術力」を外部の専門家に客観的に評価してもらう」というスキームが現在脚光を浴びているが、すべての案件審査において同様のスキームを使う必要性はなく、比較的難易度の低い案件などについては、ある程度、銀行内でそうした判断を行うことも必要であろう。

その場合、具体的には当該企業が保有する技術が、その属する業種のなかで「どの程度の優位性をもっているのか」を客観的に判断することになる。そして、その前提としてその業種においては、現状どのような技術が一般的に使われており、また今後それはどういう技術にとってかわられる可能性があるのか、などを網羅的に調べておく必要があり、そうしたことを行うためにも、「産業調査」が重要となる。

### (3) 「各業種の実態動向調査」の本部での一括実施

銀行で数多くの支店から送られてくる、同一業種に属する個別の企業の稟議書をみていると、その記載内容のレベルの違いが目につく。当然、各々の企業は個別の歴史や組織、風土、技術、従業員、経営者、そして将来に向けた展望などの個別事情（=「個別企業の実態動向」）に違いがあるのは当然である。

しかしながら、ある特定の業種に属する以上、その業種でつくられる製品種類の範疇や、基本的な原材料、一般的な製造方法、またマーケット全体の大きさや今後の成長の可能性などといった「共通の前提」、言い換えれば、その「業種の実態動向」は、どんな企業でも受け入れざるをえない「所与の条件」であり、その内容はしっかりと理解しておく必要がある。

したがって、こうした「業種の実態動向」を、「個別企業の実態動向」と同時にあるい

**図表3-3　業種の実態動向調査（＝産業調査）の一括実施**

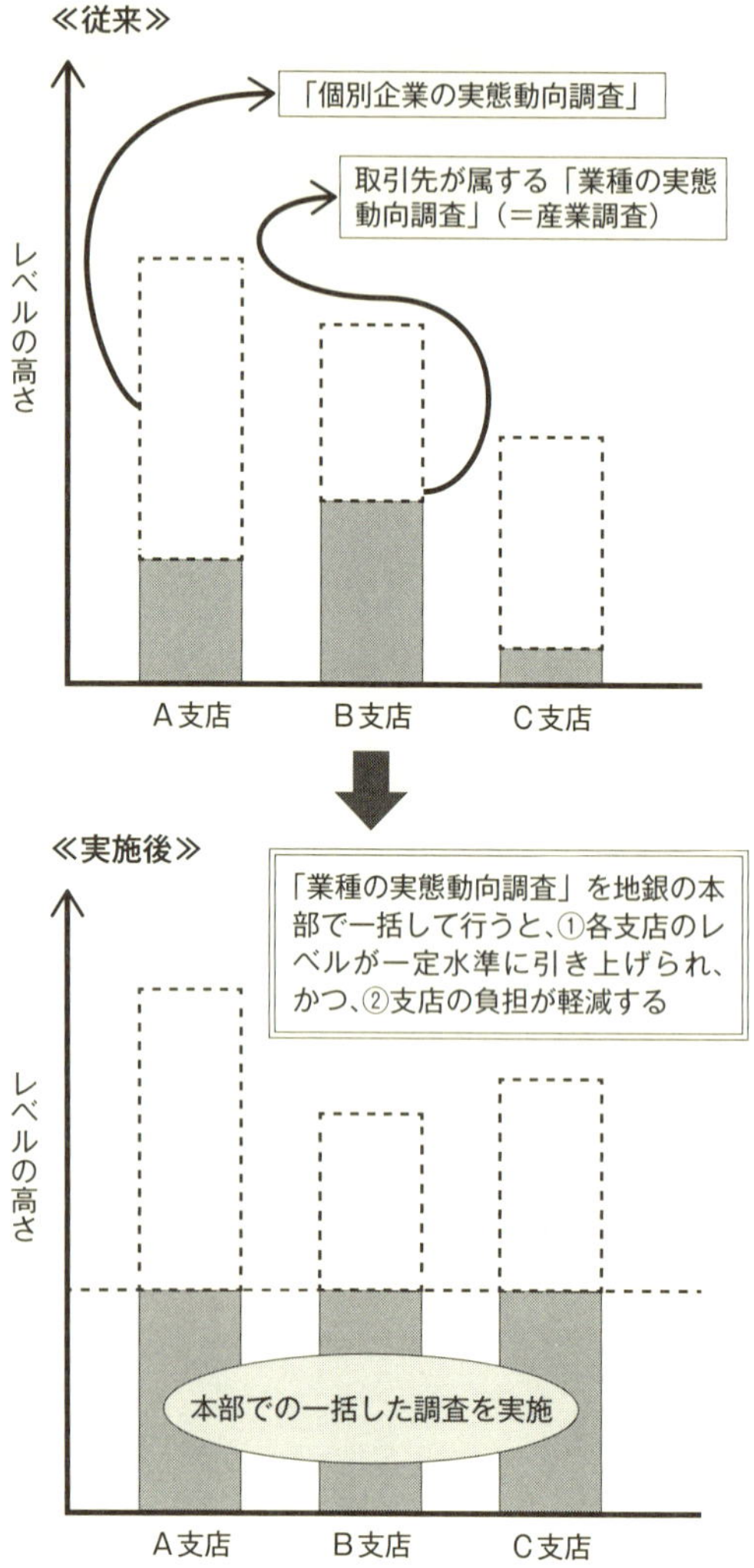

はそれ以前に、まずはしっかりと「調査」することが必要であるが、残念ながらすべての営業店がこうしたことを十分に行っているかというと、必ずしもそうではないのが実情である。

この「業種の実態動向調査」を「個別の支店で行うのは大変だ」「少なくとも、すべての店で一定レベル以上のものにしたい」ということであれば、この部分を本部で一括して調査し、レポートにまとめて支店に配布すればいい。そして各支店ではその本部で調査した「業種の実態動向」をふまえて、そのうえで「個別企業の実態動向」について詳しく調査を行えばいい（図表3－3参照）。

いま、ここで取り上げた「業種の実態動向調査」が、まさに筆者がいう「産業調査」そのものであり、そうした意味からもその必要性が高まっている。

## 3 地銀連携による産業調査の必要性

それでは、このような産業調査の機能を、はたして地銀各行がそれぞれもつことができ

**図表3-4　地銀連携による産業調査専門チームの共同設置（イメージ図）**

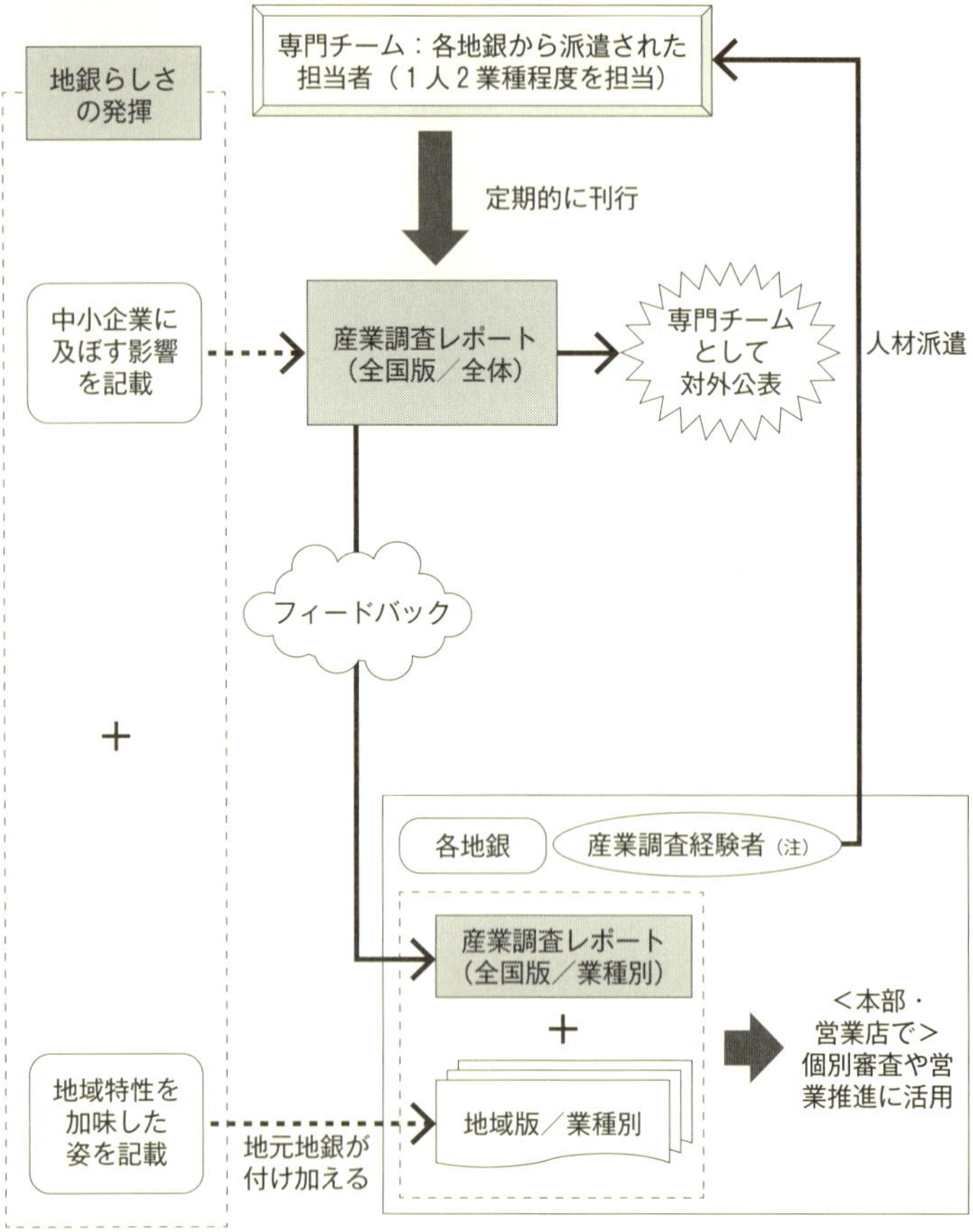


（注）　産業調査経験者がいない場合は、外部機関において1年間の研修を受ける選択もある。当該外部機関の場合、マクロ経済分析の基礎を学ぶとともに、産業調査の基礎について専門家から手ほどきを受けることができる。

るのであろうか。結論からいうと、それはなかなかむずかしいといわざるをえない。こうしたなかで、産業調査を確実に行っていく選択肢の一つは、地銀連携による「産業調査専門チームの共同設置」であると筆者は考える。

すなわち、地銀各行から産業調査経験のある行員を一人ずつ「専門チーム」に派遣し（経験者がいない場合は別途、育成計画がある）、たとえば各人が二業種ずつ担当することにした場合、一五行から一五人集まれば合計で三〇業種程度担当できることとなり、カバーすべき業種の数としては当面十分であるといえよう。

そして、各人が責任をもって自ら担当する業種の産業調査レポートを執筆し、全体として取りまとめたもの（全国版）を出身母体である各地銀にフィードバックするとともに、「専門チーム」の名において、その主要部分を対外発表する（図表3－4参照）。

## 4　予想される危惧ならびに反対の声

しかしながら、このような提案には当然さまざまな声が上がることが予想される。まず、「そもそも企業がよって立つ地域性が違うからむずかしい」という意見が出るかもしれない。本章2⑶で述べた個別地銀内での「「各業種の実態動向調査」の本部での一括実施」の内容を思い出してほしい。同じ業種の「共通の前提」については当該「業種の実態動向」として一括して調査し、そのうえで各支店が「個別企業の実態動向」に注力して調査するというスキームであった。

地銀間でもまさに話は同じである。個別企業のよって立つ地域性はそれぞれ別々であっても、仮に同一業種であれば「共通の前提」、すなわち、「業種の実態動向」を一括して調査できるはずであり、各地銀は（後でも述べるが）、「地域特性を加味した」部分に注力して調査を行うというスキームである。そうすれば結果として、地銀全体できわめて効率的な仕事を行うことができるのである。

もし万が一「いまは必要性がないから」という地銀があるとすれば、よく考えていただきたい。本章2の⑴〜⑶で述べたうち、仮に「「技術力の強さ」に注目した融資」や「「各業種の実態動向調査」の本部での一括実施」について、当面、自行は積極的には行わない、ということであれば、それはそれで「個別行の判断」であるから致し方ない。

しかしながら、「スピード」「国際化」「競争の激化」に代表される中小企業を取り巻く急激かつ大きな環境変化によって、取引先の中小企業がさまざまなリスクにさらされているのは「紛れもない事実」であり、ことによると、そうしたことが原因で、当該企業の事業の「根幹の部分」で何か大きな「ネガティブな変化」が起きている可能性は十分考えられる。

したがって、こうしたことに対して地銀として適切な対応、すなわち「産業調査」を有効に実施して、取引先別にどういうリスクが潜んでいるかをしっかりと認識し、かつそれを取引先と共有化しないと、結果として地銀も取引先もきわめて大きなリスクをとることになりかねない。したがって、地銀に残された時間はそれほど多くなく、可及的すみやかに行動を起こすべきだと筆者は考える。

## 5 〝地銀らしさ〟の発揮

また、地銀が集まって産業調査を行うからには、他社では「真似のできない」「地銀らしさ」を出すべきだと考える。地銀の取引先は圧倒的に中小企業が多いことから、たとえば、自動車部品業界についてのレポートで最近の動向を一通り記載したうえで、そうした動きは「下請けの中小企業にどのような影響を及ぼす可能性があるのか」などといったコメントを付け加えるのもいいだろう。

また、前述した全体の成果物である「産業調査レポート」（全国版）に記載された内容は、どの業種においても、いわゆる「全国での標準的な姿」である。ただ、一方で特定の地域に立地する企業には、こういう「特性」があるといった「地域特性を加味した姿」も当然あることから、それぞれの地域において地元地銀がその業種の「地域版」を付け加えればいい。それこそが〝地銀ならでは〟のノウハウを使った特色あるものになると考える。

そして、各地銀の行員が個別審査においてこの産業調査レポートを利用する際には、その業種の「全国での標準的な姿」と当該地域における「地域特性を加味した姿」の両方を利用できるという意味で、非常に有益であると思われる（図表3－4参照）。

## 6 営業推進上の有効的活用

いままで、この産業調査レポートの活用方法を、主として「融資審査」に絞って話をしてきたため、何か「守り」のための活用と思われがちであるが、実のところ、筆者は同程度もしくはそれ以上に、「攻め」である「営業推進」に役立ててほしいと考えている。

たとえば、「新規融資推進」を行っているのであれば、推進対象企業がそもそもどういう産業に属し、具体的にはどういうものをつくり、またその技術力や競争環境、さらには現在の販売先の製品のマーケットにおける強み・弱みなどはどうなっているのか、などを事前に調べたうえで訪問すれば、比較的スムーズに話が進むであろう。

また、たとえば「保全面に若干の不安がある既先」に対して、その「ビジネスモデルの強み」を買ってぜひとも「追加融資」を行いたいと思った場合でも、当該業種について従来以上に深掘りして研究しておけば、自信をもって当社の「ビジネスモデルの強み」を評価することができるであろう。

## 7 「よきパートナー」であるからこそいえること

第1章において、地銀は長い年月をかけて取引先と深い「信頼関係」を築き上げ、互いにかけがえのない「金融上のよきパートナー」になっているという話をした。当然のことながら、「よきパートナー」とは相手の話を常に「無条件に受け入れる」ということではなく、取引先を客観的に見つめるとともに「いうべきこと」を「いうべきタイミング」で「しっかりという」関係でなくてはならない。

したがって、取引先との日々の「信頼関係」に甘えず、いざというときに判断を誤らないよう、常に取引先の事業を「客観的にみる目」を養っておくことが重要である。すなわち、当該取引先の属する産業は全体として現在どのような状態で、どのような動きをし、そのなかで取引先がどういう「立ち位置」にあるかを、冷静かつ客観的にみることが必要である。

そしてそうしたことを、日常、繰り返し行っているなかで、当該取引先の「動き」に気になることがあれば「率直に」尋ねればいい。そして、このタイミングで「相手に伝えるべきことがある」と考えるのであれば、「率直に」伝えればいい。先方もそうした地銀の行動を十分理解しているであろうし、また頼りにしているはずである。

このように、取引先の事業を「客観的に見つめる」ためにも、随時（日常的に）行う「産業調査」は欠かすことができず、それを無理なく行っていくためにも、地銀連携による「産業調査専門チーム」共同設置のスキームはきわめて「的を射た」ものであると考える。

「専門チーム」の成果物を効果的に活用することにより、地銀が取引先の真の意味での「よきパートナー」となり、地元地域においての存在感をいっそう高めていくとともに、日頃から蓄積された「産業調査」能力を使って、地銀がリスクをしっかり見極めたうえで融資額を増加させ、そしてリスクに見合った収益を着実に積み上げていくことを切に希望する。

コラム5

## 地銀と地公体は「地元のよきパートナー」？（その1）

### ――「財政面」で地公体が抱える問題と悩み

地銀は、地方公共団体（以下「地公体」）と非常に深い関係を有している。すなわち、多くの地銀は地元のいくつかの地公体の指定金融機関（以下「指定金」）を務めるとともに、地元経済の振興・活性化など、地元の「健全な発展」にともに協力する「地元のよきパートナー」だからである。

しかしながら、指定金を務めてさえいれば、「おおいに潤う」時代はとうに過ぎ去り、指定金にかかわる「さまざまなコスト」をまかなうべく地公体に「適正な利鞘」の融資を行おうとしても、いわゆる「入札制度」により、思うような条件で融資を行えないのが実態だ。

地銀が「急激かつ大きく変化する経営環境」のなかで、その経営の舵《かじ》取りに苦労しているように、地公体もまた、さまざまな問題を抱え悩んでいる。東日本大震災被災の後は地震・津波への対策を根底から見直し、中央自動車道・笹子トンネル天井板落下事故の後は、老朽化したインフラの一斉点検と緊急対応の実施に奔走した。そして超大型台風により甚大な被害を受けると、住民に対する「避難勧告」のあり方や、勧告を出す「態勢」そのものの見直しにも着手した（図表3－5参照）。

事ほどさように、いまや地公体は「さまざまな災害から住民を守る」ということに関して、住民か

**図表3－5　「さまざまな災害から住民を守る」ことへの地公体への期待**

| きっかけとなった災害 | 災害後に地公体が行った対応 | 地公体に対する住民の期待 | |
|---|---|---|---|
| ①東日本大震災（2011年3月11日） | 地震・津波への対策を根底から見直し | 地震・津波に強い街づくりをしてほしい | 「さまざまな災害から住民を守る」ことに関して高いレベルの「自覚」と「責任」を期待 |
| ②笹子トンネル天井板落下事故（2012年12月2日） | 老朽化したインフラの一斉点検と緊急対応の実施 | 隅々まで点検し、必要な措置は至急とってほしい | |
| ③超大型台風（2013年9～10月） | 住民に対する「避難勧告」のあり方や「勧告」を出す態勢の見直し | 必要な場合、適宜適切に「避難勧告」などを出してほしい | |

ら、従来に比べて、格段に高いレベルの「自覚」と「責任」を期待されているのである。

こうした事柄に対し、しっかり対応していくためには、まず、「財政面」で「莫大な費用」がかかると思われるが、いまや地公体には、そうした「ゆとり」がないのが実情だ。すなわち、国の社会保障費の急増と同様、「扶助費」負担が年々増加し、地公体の財政を大きく圧迫している。そして、その結果として「前向きな施策」に対する予算手当がむずかしくなるどころか、場合によっては、こうした自然災害への対策やインフラの維持・更新などに対してさえ、必ずしも十分な予算手当ができないのが実態かもしれない。

しかも、かつてのように地公体の税収は伸びず、それどころか、長期に及ぶ日本経済の低迷と減税の実施、さらには住民の給与所得者から年金生活者への移行などにより、法人・個人にかかわる税収が大きく落ち込んでいる。こうしたなかで、地公体は、工場・研究所や大型商業施設の誘致、地元観光のテコ入れ、さらには環境配慮に優れた街づくりの実施など、地元の「経済を活性化」し、トータルとしての「街の魅力を高め」、その結果「人が集まり」、最終的に「税収が伸びる」ような仕組みづくりに、真剣に取り組み始めているのである。

# 第4章

# 地銀連携の展開(3)

## ——ビッグデータを使ったマーケティングモデルの共同開発

**【ポイント】**

① 腕利きテラーの「気づき」「見立て」のノウハウとビッグデータを融合しEBM実践。

② 効果的EBMの条件はイベントモデルの「多様性」と「精度の高さ」。

③ 地銀各行の腕利きテラーのノウハウとビッグデータを結集することにより、効果的なEBMを実践する。

第1章で、「地銀連携の意義と深化」として「トップライン増加指向」の「戦略共創・ノウハウ共有」型地銀連携の重要性を説き、その具体例として「取引先を対象とした有料コンサルティング専門チームの共同設置」（第2章）、そして「融資判断・営業推進に資する産業調査専門チームの共同設置」（第3章）について論じた。

第4章では、三つ目の具体例として「ビッグデータを使ったマーケティングモデルの共同開発」について論じてみたい。

# 1 サイレントマジョリティー

第1章において、「地銀を含めた銀行の来店客は年々確実に減少し、幸い来店されても行員が座る窓口に足を運ばず、ATMで用をすまされる取引先が増加している。このような状況のなかで、取引先一社一社、一人ひとりのニーズを確実に汲み取り、商品・サービスを的確かつタイムリーに提供し、取引先を満足させることができるのであろうか」ということを述べた。

前記取引先の多くは、銀行にとってはまさに「サイレントマジョリティー」であり、自ら「こうしたい」といったニーズをほとんど話してもらえず、結果として、地銀としてもその顧客ニーズに合った商品・サービスを必ずしもタイムリーに提供できていないのが現状である。

## 2 腕利きテラー

ただ、そうした「五里霧中」のなかでも、長期にわたって素晴らしい成績をあげている「腕利きテラー」はどの地銀にも存在する。「固定客が多いから」などと陰口をたたく輩がまったくいないわけではないが、いくら固定客が多くても、それだけではコンスタントに成績をあげ続けることはできない。ということは、そうした「腕利きテラー」は固定客に頼ってば

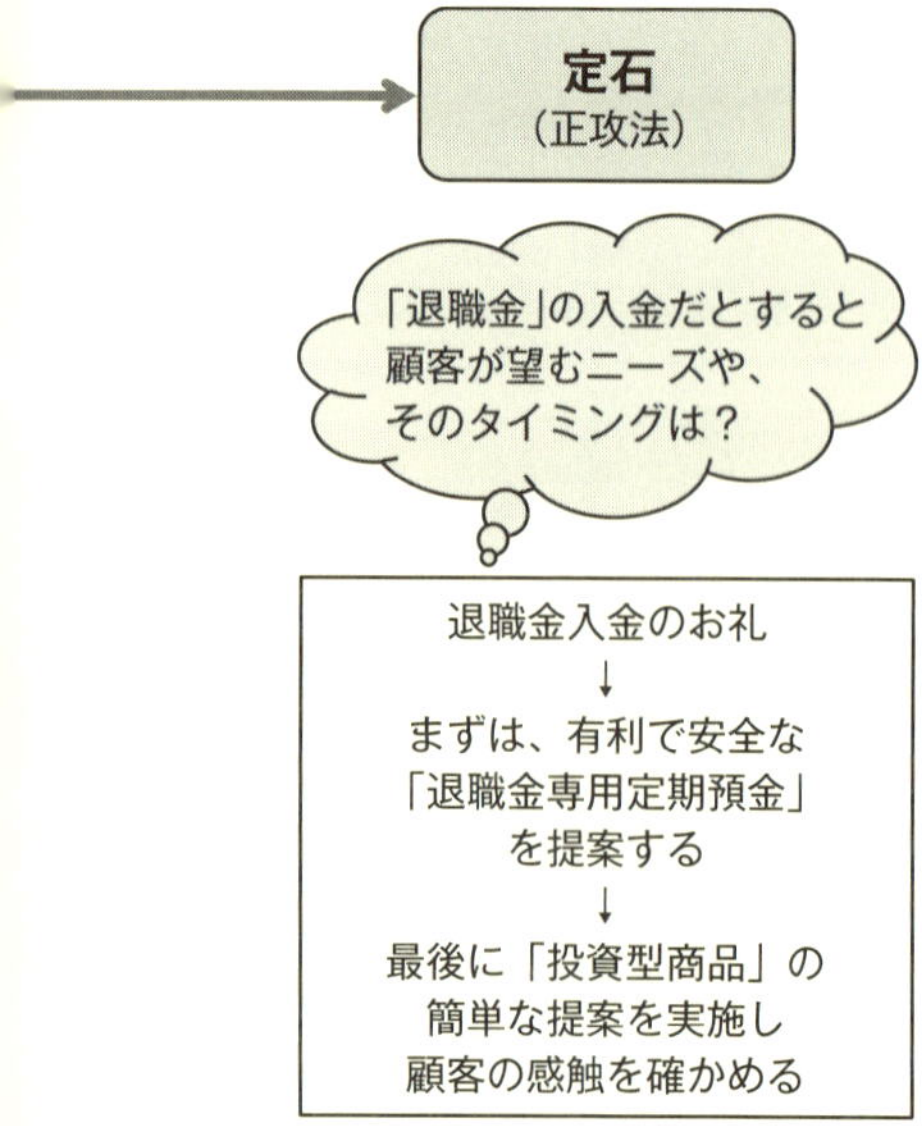

定石
（正攻法）
「退職金」の入金だとすると
顧客が望むニーズや、
そのタイミングは？
退職金入金のお礼
↓
まずは、有利で安全な
「退職金専用定期預金」
を提案する
↓
最後に「投資型商品」の
簡単な提案を実施し
顧客の感触を確かめる

かりいるわけではなく、常に「新規顧客」（当該テラーの固定客ではない、という意味）を開拓し、成績をあげているのである。

固定客であれば、たとえば、「給与振込が何時頃入り、保険よりは投信を好み、かつある程度リスクをとることもいとわない」または「家族は四人で、下の子はこの春高校に入った」などと、その顧客の属性や行動パターン、家族の状況、直近に起きた出来事（イベント）などもわかっており、顧客が望むニーズの内容やそのタイミングを推し量り、効果的なセー

図表4－1　腕利きテラーの行動（退職金の例）

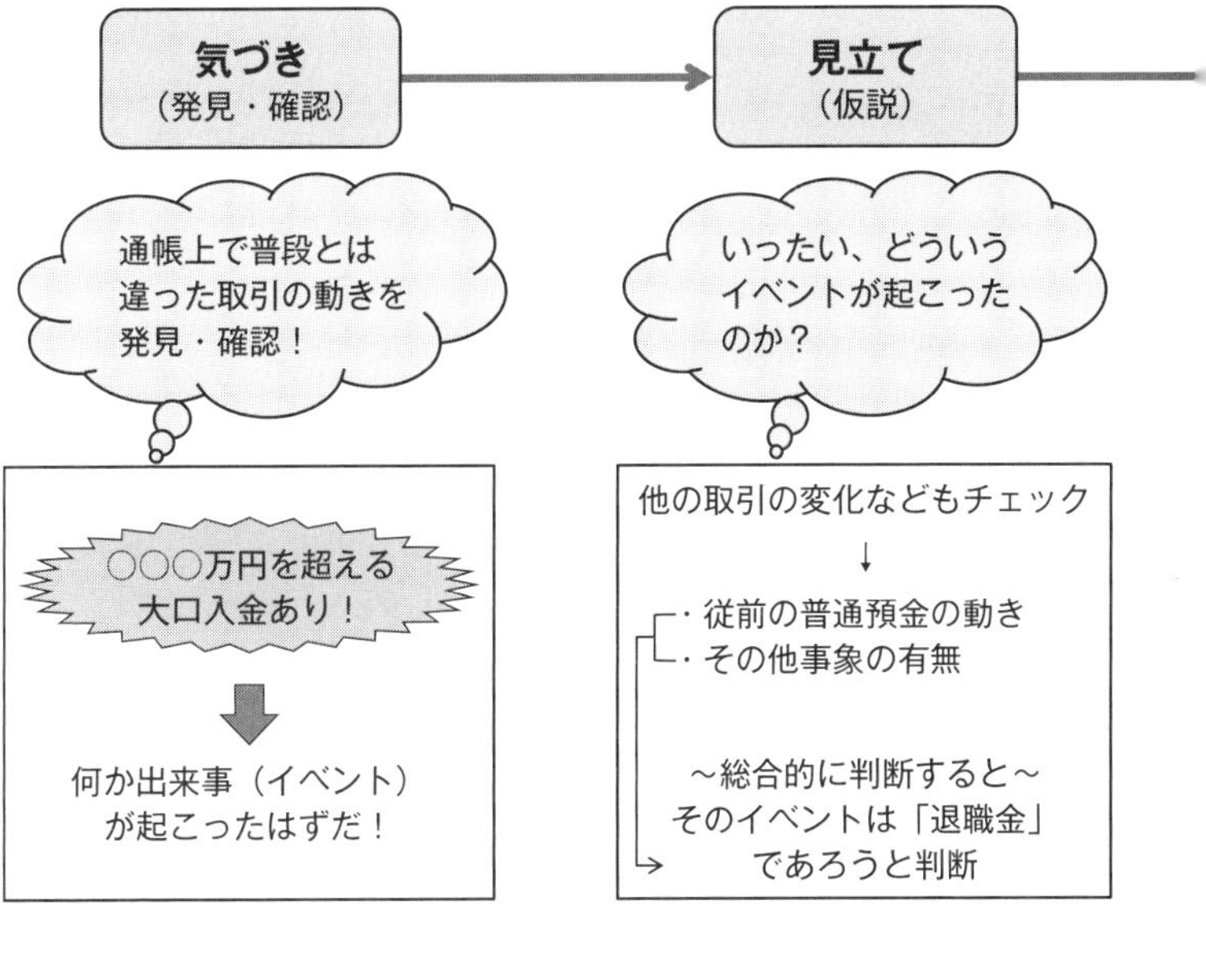
気づき
（発見・確認）
見立て
（仮説）
通帳上で普段とは違った取引の動きを発見・確認！
いったい、どういうイベントが起こったのか？
○○○万円を超える大口入金あり！
何か出来事（イベント）が起こったはずだ！
他の取引の変化などもチェック
・従前の普通預金の動き
・その他事象の有無
～総合的に判断すると～
そのイベントは「退職金」であろうと判断

ルスを行うことができる。だが、新規先ではそうはいかない。では、どうしているのか。

たとえば、腕利きテラーは、窓口で顧客の預金通帳をお預かりする機会があれば、事務を行う合間に、その通帳に記載されている顧客の「資金の出入り」などの「取引の中身」をすかさず「読み取り」、その顧客の「取引の全体像」を大まかにイメージする。

そしてそうしたなかで、普段とは違った動きが通帳上確認された場合（これを「気づき」と呼ぶことにする）、当該顧客に「「直近」で何かイベントが起きたはずだ」と推定する。そして次に、その起きた可能性の高い「イベントはいったいどういうものなのか」を推察し、「そうであれば、現状この顧客には、このような商品・サービスが必要なのではないか」という「仮説」を立てる（これを「見立て」をする、と呼ぶことにする）のである（図表4－1参照）。

すなわち、腕利きテラーはこの「気づき」と「見立て」の能力がきわめて優れているので、長年素晴らしい成績をあげ続けることができるのだと筆者は想像するのである。

## 3 有機的な融合

ところで、銀行には顧客の情報が「山のようにあり」、それこそ昔から「情報の宝の山」を抱えているといわれている。しかしながら、また一方で、それをあまり効果的に活用してておらず、結果として「宝の持ち腐れ」になっているといわれているのも事実である。それでは、「もっと腕利きテラーに頑張ってもらおう」と思っても、所詮、人間のやることであり、その処理できる量にはおのずと限界がある。

そうしたなかで、地銀経営者であれば、前述した腕利きテラーのノウハウを少しでも多く活用して、銀行に「山のようにある」顧客情報を有効に使った効果的・効率的な営業が何とかできないものか、と考えるのも不思議ではない。すなわち、腕利きテラーのノウハウと銀行の膨大な顧客情報（ビッグデータ）との「有機的な融合」である。

## 4 「気づき」「見立て」「定石」

この「有機的な融合」を行うにあたっては、何といっても前述した「気づき」と「見立て」がきわめて重要になる。すなわち、顧客の取引履歴の「ある変化」にまず「気づき」、それ以外のいくつかの変化と組み合わせて考えると、顧客には「こうしたイベントが起きたはずだ、という「見立て」をしていくストーリーを一本一本書き上げ、それを何本も用意しなければならない。そしてそれは、顧客の「取引行動」を熟知している銀行員にしかできないのである。

すなわち、前述したような腕利きテラーに何人か集まってもらい、たとえば、①「いくら程度の大口入金があった場合に、まず「気づき」を働かせ、かつ従前の普通預金の動きやその他こういう事象があった場合には、その入金は間違いなく「退職金」である」と「見立て」ているとか、②「保険会社からこういう入金があった場合に、まず「気づき」を働かせ、かつ普段の普通預金の動きやその他こういう事象があった場合には、その入金は間違いなく「保険金」である」と「見立て」ている、といった普段自らが行っている「気づき」や「見立て」（これは彼女たちにしてみれば、極秘の「企業秘密」に違いないと思われるのだが）をいくつも披露してもらうのである。

腕利きテラーは、日常そうした「気づき」や「見立て」をした後、①「退職金」であれば、「まず、入金のお礼をいい、そしてとりあえず有利な退職金専用定期預金をお勧めし、あわせて投資型商品のご案内も簡単にしておく」、そして②「保険金」であれば、「まず、入金のお礼をいい、死亡保険金の場合は遺族の気持ちもあるので、すぐ使う予定があるのかをまず確認する」という、「まずは、とるべき正攻法」（これを「定石」と呼ぶことにする）をとるのである（図表4－1参照）。

そして、こうした「気づき」「見立て」「定石」をもとに、今度はマーケティング担当者が実際のイベントモデルをつくりあげていくのである。もちろん、腕利きテラーのいったとおりのことをそのままモデル化するのではなく、その内容が「モデル」として「普遍化」していくための「客観性」が備わっているかどうかを、ビッグデータを使って検証しながらつくりあげていくのは、いうまでもない。

## 5 イベント・ベースド・マーケティング（EBM）

先ほど、腕利きテラーに集まってもらい「気づき」「見立て」や「定石」について披露してもらう、という話をした。この「気づき」と「見立て」の部分、すなわち、「いくら程度の大口入金があった場合に、まず「気づき」を働かせ、かつ従前の普通預金の動きやその他こういう事象があった場合には、その入金は間違いなく「退職金」であると「見立て」ている」という部分を、われわれは「イベント」と呼んでいる。

つまり、この場合は「退職金」のイベントであり、こうした「イベント」に基づいて行う「タイムリー」なマーケティングを「イベント・ベースド・マーケティング」（Event Based Marketing。以下

**図表 4-2 EBMの筆者の定義**

| |
|---|
| 顧客の取引行動上の変化や、個人属性の変化などをニーズ発生の契機（イベント）としてとらえ（「気づき」）、顧客が必要とするニーズを「見立て」、これに対してタイムリーに「定石」を踏んだ効果的な営業を行う手法 |

「ＥＢＭ」）と呼んでいる。

したがって、ＥＢＭとは、われわれの言葉でいえば、「顧客の取引行動上の変化や個人の属性の変化などをニーズ発生の契機（イベント）としてとらえ（「気づき」）、顧客が必要とするニーズを「見立て」、これに対してタイムリーに「定石」を踏んだ効率的な営業を行う手法」のことであるといえよう（図表４－２参照）。

## 6 具体的なＥＢＭの流れ

こうして、銀行の膨大な顧客情報（ビッグデータ）を、数多くのイベントモデルの「気づき」と「見立て」からなる「フィルター」でスクリーニング（特定の条件に合うものを抽出するために選別）し、そこで検知された「情報」は、それに合う「定石」と一緒にして営業店に届けられる。

すなわち、ＣＲＭ（注）が導入されている地銀であれば、それを通じて行員に届けられ（テラーであれば、目の前に座った顧客のＣＩＦ番号さえ入力すれば、自らの端末画面に「たち

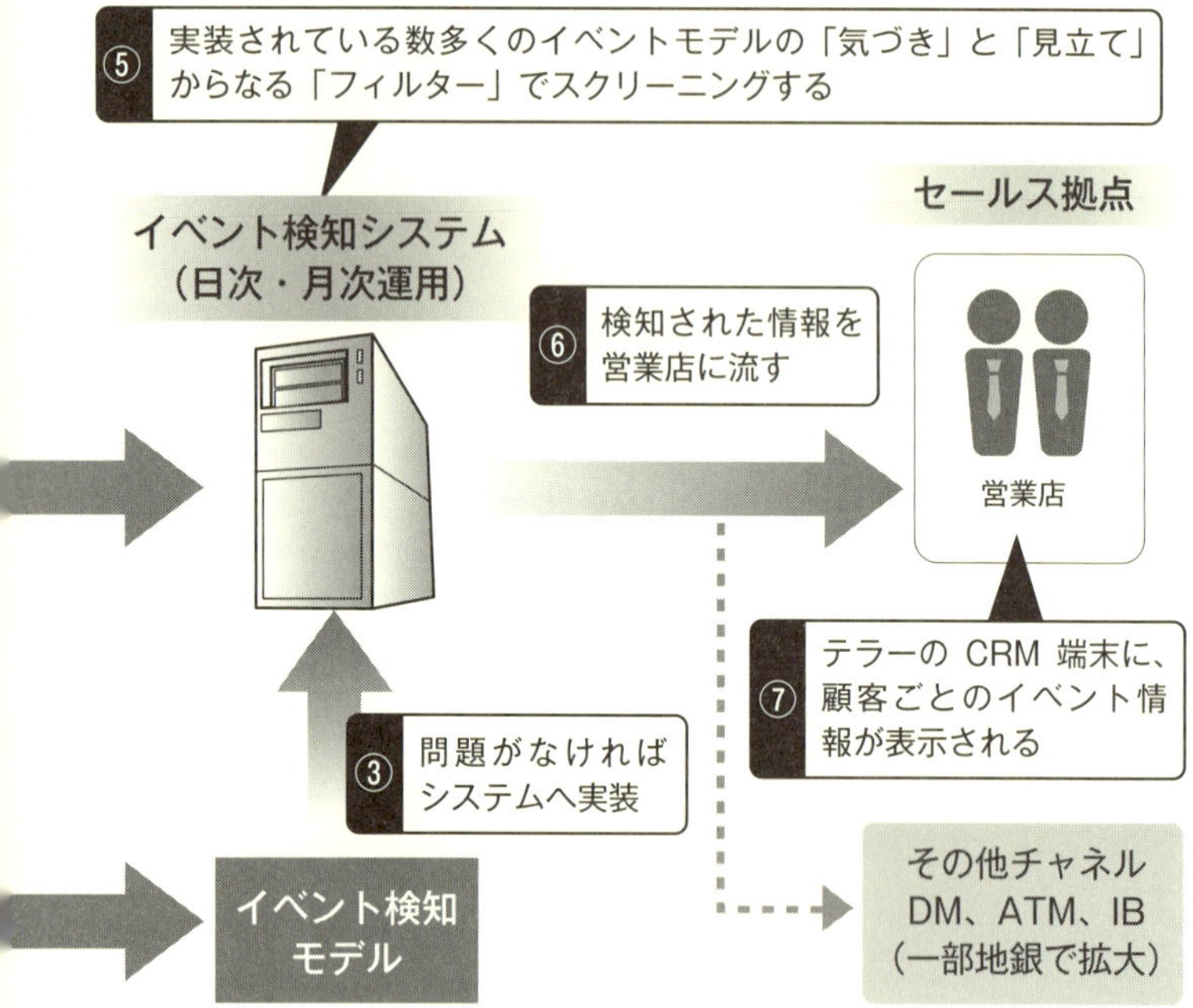
⑤ 実装されている数多くのイベントモデルの「気づき」と「見立て」からなる「フィルター」でスクリーニングする
イベント検知システム
（日次・月次運用）
セールス拠点
⑥ 検知された情報を営業店に流す
営業店
⑦ テラーの CRM 端末に、顧客ごとのイベント情報が表示される
③ 問題がなければシステムへ実装
イベント検知モデル
その他チャネル
DM、ATM、IB
（一部地銀で拡大）

どころに」当該顧客の「イベント」と、それに対応する「定石」が表示される）、それを使って効果的な営業を行うことができるのである。

（注）Customer Relationship Managementの略。顧客の属性や接触履歴を記録・管理し、それぞれの顧客に応じたきめ細かい対応を行うことで長期的で良好な関係を築き、顧客満足度を向上させる経営管理手法のこと。

また、仮にＣＲＭが導入されていない地銀であっても、

**図表4－3** 具体的なEBMの流れ

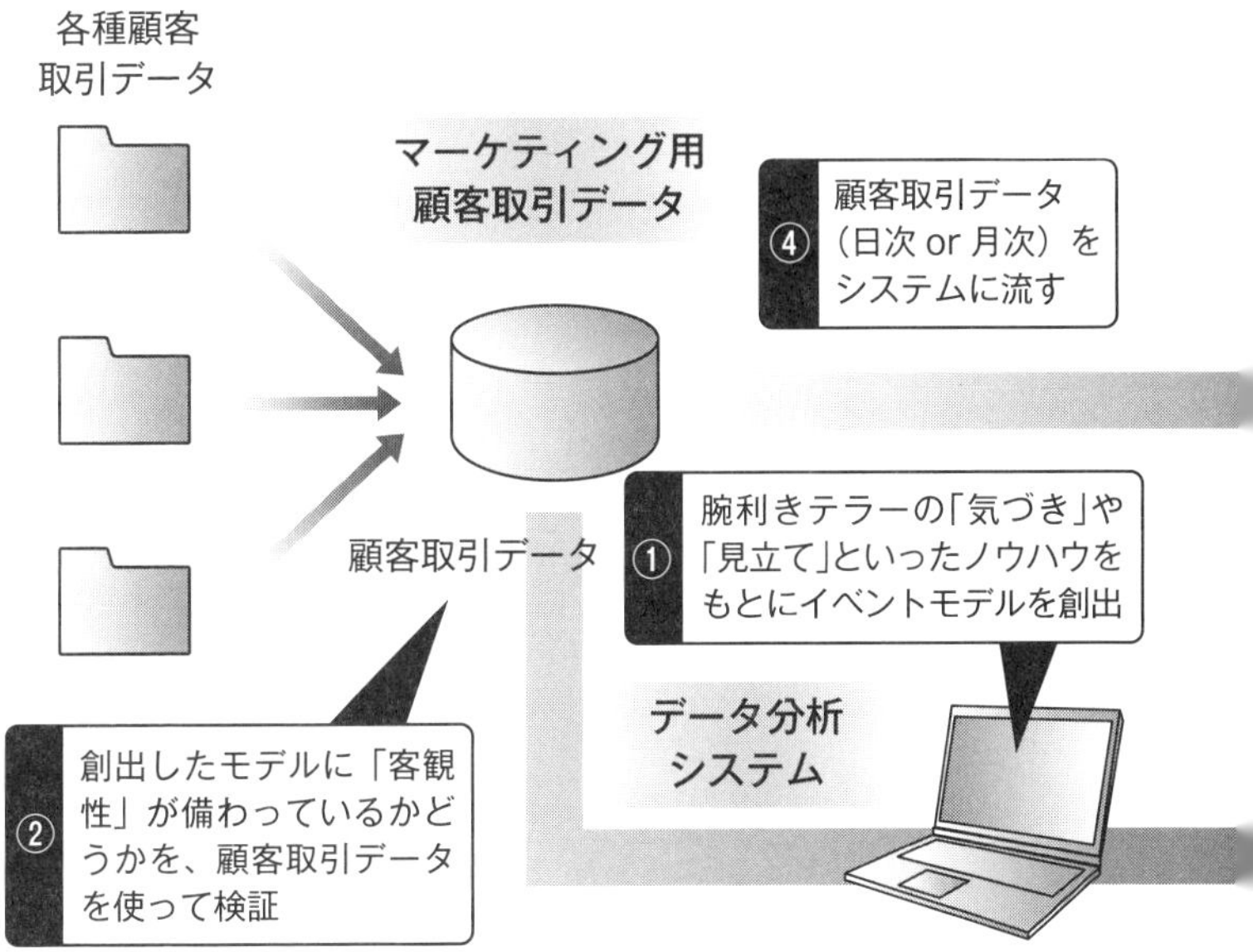
各種顧客
取引データ
マーケティング用
顧客取引データ
④ 顧客取引データ（日次 or 月次）をシステムに流す
顧客取引データ
① 腕利きテラーの「気づき」や「見立て」といったノウハウをもとにイベントモデルを創出
データ分析
システム
② 創出したモデルに「客観性」が備わっているかどうかを、顧客取引データを使って検証

営業店への紙ベースの資料も、従来のように「半期に一度、ヒット率の低いものが大量に」送付されるのではなく、「毎月、ヒット率の高いものが少しずつ」送付されるようになるのである。そして、これにより営業店では間違いなく、タイムリーなセールスが効果的、効率的に行われるようになるのである（図表4－3参照）。

## 7 効果的なＥＢＭ

ところで、「効果的な」ＥＢＭとは、いったいどういうものなのであろうか。

一つは、イベントモデルの「多様性」が確保されているということであろう。すなわち、さまざまな顧客の属性や取引行動上の変化をうまく検知して、効果的なセールスをタイムリーに行うことができるようなイベントモデルを、多数開発し保有しているということである。

そして二つ目は、そうした一つひとつのイベントモデルの「精度の高さ」である。すなわち、顧客の直近の取引上の変化をうまくとらえて、ヒット率が一定水準以上に維持されるよう、イベントモデルが洗練されているということである。

**図表4－4　効果的なEBMの条件**

① <u>イベントモデルの「多様性」が確保されている</u>
- さまざまな顧客の属性や取引行動上の変化をうまく検知して、効果的なセールスをタイムリーに行うことができるようなイベントモデルを多数開発し、保有している

② <u>イベントモデルの「精度の高さ」が確保されている</u>
- 顧客の直近の取引上の変化をうまくとらえて、成約率（ヒット率）が一定水準以上に維持されるよう、イベントモデルの精度が高められている（洗練されている）

したがって、効果的なＥＢＭを今後安定的に続けていこうと思うのであれば、この二点をしっかり担保できる方策を考えていくことが必要である（図表４－４参照）。

## 8　地銀連携の必要性

地域における人口の減少は年を追って激しくなり、さらにこれに輪をかけて銀行への来店客数も減少している。すなわち、地銀は渉外担当が決まっている特定の先（主要な法人先や個人富裕層）を除いた取引先との接点がとりにくくなっているのが現状である。こうした状況のなかで、いままで述べてきたようにＥＢＭは非常に優れたマーケティングツールの一つであるといえよう。

ただ、腕利きテラーから「気づき」「見立て」、そして「定石」に関するヒアリングを行うことから始まり、それをベースに多様で精度の高い「イベントモデル」を開発するマーケティング担当者を養成し、かつ日常、ＥＢＭの業務を支障なく回していく「態勢」をしっかり整えることは、多くの地銀にとっては、現実的にかなり「むずかしい課題」であると思われる。

そこで筆者は、そうした態勢を無理なく整える手段として、地銀連携による「ビッグデータを使ったマーケティングモデルの共同開発」を推奨したい。

## 9 地銀連携のメリット

「ビッグデータを使ったマーケティングモデルの共同開発」にかかわる地銀連携のメリットは、(1)イベントの多様性確保、(2)高いモデル精度の確保、(3)業務継続態勢の強化、の三つである（図表4－5参照）。

### (1) イベントの多様性確保

繰り返しになるが、「効果的なＥＢＭ」の条件の一つは、イベントモデルの「多様性」の確保である。本章で前述した腕利きテラーの例でいえば、そのノウハウは、そうしたテ

**図表4-5 地銀連携のメリット**

| | |
|---|---|
| ①イベントの多様性確保 | 地銀1行の腕利きテラーのノウハウだけでは多様なイベントモデル（効果的なEBMの条件）を開発するのはむずかしい<br>↓<br>各行の腕利きテラーの「気づき・見立て・定石」を集約する<br>⇒イベントの多様性が確保される<br>（地域性の違いを気にせず、普遍的モデルの作成は可能） |
| ②高いモデル精度の確保 | マーケティングを考慮すると、地銀1行では、統計処理上十分な規模のデータが必ずしもそろわない<br>↓<br>地銀が数行集まれば、十分な規模のビッグデータとなる<br>（上中位地銀6～7行で大手行1行分のデータ規模を確保）<br>⇒モデル精度（洗練度）の高さに通じる |
| ③業務継続態勢の強化 | 各地銀のマーケティング担当者は少数なため、急な転勤・病気・ケガで業務が滞るリスクあり<br>↓<br>「マーケティングモデルの共同開発」チームに参画していれば、“いざ”というとき「助け合える」<br>⇒「業務継続態勢」が担保される |

ラーの数が多ければ多いほど、多様な「気づき」と「見立て」を共有でき、結果として、より実効性のある効果的な「イベント」が多くつくれる可能性は高い。

したがって、多くの地銀から各行を代表するような「腕利き」のテラーが集まって、それぞれの「気づき」「見立て」と「定石」をお互いに「披露し合い」議論すれば、地銀一行、いや、大手行にさえ真似のできないような、多様性のある「イベント」ができるはずである。

## ⑵ 高いモデル精度の確保

⑴でイベントのテーマの「目鼻がつく」と、次はいよいよビッグデータを使ったイベントモデルの開発である。

ここで理解しておくべきは、意外と多いと思われる地銀の顧客数（ＣＩＦ数）も、「実際稼働している数」と定義すると、大幅に減少してしまうということである。そして「投資信託を保有している先」などとセグメントしていくと、当初の数字に比べ、一ケタ少ない数に減少し、これに「かつ、こういうことが該当する先」などと条件をつけようものなら、その数のきわめて大幅な減少は到底避けられない状況である。

いうまでもなく、イベントモデルの開発は統計学的処理を伴うものであり、あまり母数が少なくなると正確な処理がむずかしくなる。したがって、地銀が連携して大量のデータを持ち寄ることは、イベントモデル開発において、その精度を高めていくということも含めて、きわめて有力な手助け（上中位行クラスの地銀が六～七行集まれば、その保有するデータは大手行一行分に匹敵する）となるのである。

### (3) 業務継続態勢の強化

ところで、各地銀のマーケティング部署は、二～三人というきわめて少人数で担当しているところが多く、万が一、急な転勤や、病気・ケガなどで仕事を休まざるをえない場合、個別行としてのマーケティング業務が滞り、地銀の営業全体に支障をきたしてしまう可能性もある。

そうしたなかで、仮にこうした地銀連携による「マーケティングモデルの共同開発」チームに参画していれば、いつも集まり、連絡を取り合っている仲間が、あたかも同じ銀行の行員であるかのように助け合い、高め合って仕事をしているので、いざとなれば、そうした困っている他行の新任マーケティング担当者に、喜んで「手を差し伸べる」ことは容易に推察できるのである。そういう意味で、マーケティングにかかわる「業務継続態勢」は、こうした地銀連携によっても「担保されうる」といえよう。

## 10 強固な営業基盤構築を目指して

先ほど、「気づき」「見立て」がいかに大事かという話をしたが、その「気づき」「見立て」を具体的なかたちでシステムに乗せる「イベントモデル開発」も同様に重要である。なぜなら、繰り返しになるが、ＥＢＭが効果的か否かの決め手となるのは、一つはイベントモデルの「多様性」であり、もう一つは「精度の高さ」なのである。

イベントモデルはそのヒット率（精度）を上げるべく、何回も何回もテストを繰り返しながらモデルをファインチューニングしていくが、この仕事は非常に地味でかつ「根気のいる仕事」だ。そうした過程において、各行の若手マーケティング担当者は互いに知恵を出し合いながら、ノウハウを共有し、苦労しながら一つのものをともにつくりあげていく。できあがったときの達成感も並大抵のものではないと思われるが、そこで生まれた連帯感も大きなものがあるだろう。それも地銀連携の大きな成果の一つだと思われる。

この地銀連携ＥＢＭによって、地銀がサイレントマジョリティー層を含む多くの取引先のニーズに的確に応える態勢を整え、結果として多くの強い「顧客支持」を背景に、地元地域において、「より強固な営業基盤を構築していく」ことを切に希望する。

コラム 6

## 地銀と地公体は「地元のよきパートナー」?(その2)

### ——地銀が地公体の要請に応えていくために

地公体では、「財政面」以外にも「問題」が山積している。すなわち、地震・津波、老朽化したインフラ、超大型の台風などによる甚大な被害が起きて以降、こうした災害に直面した場合、何をおいても「住民を守ってほしい」という地公体(そして実質的には首長・公務員)への期待は、事前対応における科学的・技術的な「専門性」、さらにはいったん事が起きた際の「的確なリーダーシップ」「迅速な対応」への期待にもつながっている。

さらに、地元の経済を活性化する仕組みをつくるにしても、ただ単に経済学を理解するだけでなく、「マーケティング」などを含めた民間の「企業経営ノウハウ」など、いままで公務員には必要とされず、求められることも少なかったさまざまな資質・知識・経験が、今後はきわめて重要なこととして必要とされ、また求められるようになる可能性は高い。県や政令市のような大きな組織であれば、多少時間をかければ、何とかこうした事態への対応も可能となるかもしれないが、一般の地公体にとってはきわめてむずかしい問題となるであろう。

地公体はこれまでも、自らの知恵やノウハウだけでは処理することが困難な業務（主として「研究」や「計画作成」など）や、限られた期間のなかで、自らのパワーだけでは十分処理することがむずかしい業務（主として「調査実施」など）については、必要に応じて「外部委託」を行ってきたが、これまで述べてきた状況を考え合わせると、今後は、いままで以上に広い分野で「外部委託」を行う機会がさらに増えるものと予想される。

現在、多くの地公体では、こうした外部委託を行う場合、ある一定金額以上は、「企画コンペ」や「競争入札」により業者を決定することとしている。そして、結果として、前者の多くは「名だたる」大手総合研究所・コンサルティング会社が受注し、後者においてはどちらかというと「低価格」を武器とした「小規模」のコンサルティング会社が落札しているようだ。そして、残念ながら、地銀（あるいはそのグループ会社）がこうした案件を受注するのは、ごく一部に限られているのが実情である。

しかしながら、地公体が今後、「力」を入れざるをえない業務は、前述した「自然災害関連」や「地元経済

**図表4－6　地公体のさまざまな「課題」解決に向け求められる事柄**

| 課　題 | 解決に向け地公体に求められる事柄 | 左記課題・事柄の特徴 | 課題解決に向け「協力」するにふさわしい先 |
|---|---|---|---|
| ①自然災害から住民を守る | 事前対応における科学的・技術的な「専門性」 | 住民の「生活・安全」に直結 | 「地元のよきパートナー」である地元地銀が最適 |
| | 事が起きた際の「的確なリーダーシップ」「迅速な対応」 | | |
| ②「高齢者福祉」「子育て支援」への対応 | 効果的・効率的な「仕組み」づくり | | |
| ③「地元経済」を活性化する仕組みをつくる | 「マーケティング」などを含めた民間の企業経営ノウハウ | 民間の企業経営ノウハウの活用 | 民間の企業経営ノウハウをよく知る地元地銀が最適 |

活性化」のほか、高齢者福祉、子育て支援など、従来以上にそこに住む「住民」の「生活・安全」に直結したものや民間の企業経営ノウハウを必要とするものが多く、地公体としても、地元のさまざまな状況をよく理解し、民間の企業経営ノウハウに精通した「地元のよきパートナー」である地元地銀（あるいはそのグループ会社）に対する期待は非常に大きいものがあると考えられる（図表4－6参照）。

そして、地銀としても、そうしたことが、ひいては地元の「健全な発展」につながる、「なくてはならない」重要な仕事と受け止め、こうした地公体の要請にしっかりと応えていくべきだと考えるのである。

現状、こうした地公体の要望に対して、しっかりと応えられる「態勢」をもつ地銀（グループ）は数少ないと思われる。そして、こうした分野におけるノウハウの共有化についても「地銀連携」の対象として、検討する余地は十分あるものと思われる。

第5章

# 地銀連携の展開(4)

## ——地銀共同センターを活用したビジネスマッチングの実施

**【ポイント】**

① 情報マッチングは「職人芸」から「システマティックな仕事」へ移行すべき。

② ビジネスマッチングは、「データ数」「入力の手間」「参加者の透明性」に優れた「地銀連携」を活用すべき。

③ 地銀は「信頼できる情報」を提供することにより、取引先の「事業拡大」に貢献し、「共存共栄」を図るべき。

第1章で「地銀連携の意義と深化」として「トップライン増加指向」の「戦略共創・ノウハウ共有」型地銀連携の重要性を説き、その具体例として「取引先を対象とした有料コンサルティング専門チームの共同設置」（第2章）「融資判断・営業推進に資する産業調査専門チームの共同設置」（第3章）、そして「ビッグデータを使ったマーケティングモデルの共同開発」（第4章）について論じた。

第5章では四つ目の具体例として、「地銀共同センターを活用したビジネスマッチングの実施」について論じてみたい。

## 1 「情報」の意味

地銀と新規に取引を始める事業会社の多くは、その取引開始の理由を「地域情報がほしいから」と答える。そして、その「地域情報」とは当然のことながら、当該企業が事業を行っていくにあたってプラスとなる情報である。業種によっては、そうした「地域情報」のなかに「地域開発情報」などを含むケースもあるが、ほとんどの場合、「あるものを売りたい、買いたい。そして、できれば銀行に信頼できる「相手方」を紹介してもらいたい」というものである。

中小企業の多くは、取引のある地元地銀から紹介された事業会社となれば、とりあえず「会うだけは会おう」と考えるであろう。なぜなら、「金融上のよきパートナー」である地元地銀が自社のことを考え、「よかれ」と思って紹介してくれる先である。間違っても

「おかしな」先であろうはずもなく、「よい話」になる可能性は高い、と考えるからである。

そして、その後は当然、ビジネスライクで話は進み、条件的に折り合えるかどうかで成約するか否かが決まるわけだが、紹介を依頼した事業会社にしてみれば、このように「相手方」に会えるだけでも「大助かり」なのである。

というのも、そうした地銀の「紹介」がなければ、自社のニーズを満たす、信頼できる「相手方」を自ら探さなければならず、それは「至難の業」だからである。したがって、もし多少でも「借入れを行おう」と考えている事業会社があるとすれば、仮に「成約には至らず」とも、自社が欲する「相手方」を積極的に探す努力をしてくれる銀行を借入先として「優先的に考える」のは当然のことであろう。

## 2 職人芸としての情報マッチング

地銀としても、結果として双方の企業が「メリットを感じて」取引が成立するのであれば大変結構な話であり、かつ自行の貸出が増えるとなれば、「願ったりかなったり」である。それでは、地銀がある取引先から「あるものを売りたいのだが、販売先を紹介してほしい」と依頼された場合、どうやって「相手方」を見つけるのであろうか。

多くの地銀では、まず「支店内」でのマッチングを考えるであろう。しかしながら、むやみに取引先（相手候補）に声をかけるわけにはいかない。何しろ、「紹介する」といっても、忙しいなか、先方に「会う」時間を割いてもらう必要があり、ニーズがそれほど強くない相手候補にムダな時間を使わせるわけにはいかないからだ。

したがって、現実的には「あの取引先は確かこんなニーズをもっている」と直感的に頭を働かせる「職人芸」のできる「人材」が頼りになり、そうした「人材」は支店長であることが多い。そして、このように支店内で「すみやかに」マッチングができれば、地銀にとっても、また取引先にとってもいちばん「好ましい」ことなのである。

ただ、残念ながら、こうした「相手先」が「支店内」でうまく見つからない場合、支店長はかつて「在籍した」支店の取引先にあたるか、仲間の支店長に相談を持ちかける。こうしたことも、あくまで個人の「職人芸」の「域」を出るものではない。

このように秀でた「職人」が存在する場合、取引先のニーズを満たすことは可能であるが、そうではない場合にはニーズを満たすことはむずかしい。まさに「水物」なのである。したがって、地銀は、こうした仕事を個人の「職人芸」から、もっと「システマティックな仕事」に移行できないものかと、長い間、試行錯誤を繰り返してきた。

たとえば、営業店で得た取引先の「売り情報」「買い情報」で、支店内でうまくマッチングできなかったものを、案件ごとにそれぞれ一枚の用紙に記入させて本部に集め、全体を集約して「売り情報一覧」「買い情報一覧」として定期的に取りまとめ、営業店に配布する。そして、それぞれの営業店でその「相手方」を見つけるよう指示を出すのだが、実際問題、これがなかなかうまくいかない。

## 3 なぜ情報マッチングはむずかしいか

本部に集約した「情報マッチング」はなぜうまくいかないのか。その理由の一つは、情報の「鮮度」の問題である。すなわち、営業店の渉外担当者が取引先からニーズを聞き出し、「売り・買い情報」に記載して本部に集約した後、しばらくしてから「相手方が見つ

**図表5－1　本部に集約した「情報マッチング」が失敗する理由**

| | 備　考 |
|---|---|
| ①情報の「鮮度」の劣化 | 取引先のニーズ登録後、しばらくしてから「相手方」が見つかったとしても、その間に取引先の事情がすでに“大きく変化している”場合もある（情報の「鮮度」が落ちている） |
| ②担当者への「過度な依存」 | 本部で情報を集約し営業店に送付しても、営業店の担当者に「興味」と「やる気」がないと話が進まない |
| ③売り・買いのミスマッチ | 「売りニーズ」は多いが、「買いニーズ」が少ないため、うまくバランスがとれない。「買いニーズ」を増やすためには、条件面でのインセンティブを付ける必要がある |

かった」と本部から連絡があったとしても、当該取引先の事情はすでに「大きく変化している」場合が多い（すなわち、情報の「鮮度」が落ちている）。

二つ目は、営業店の渉外担当者への「過度な依存」の問題である。すなわち、営業店の渉外担当者は日常やるべき仕事が非常に多く、取引先の「売り・買い情報」を本部にいったん上げてしまうと、「とりあえず一仕事終わった」と別の仕事に取りかかり、その後、定期的に本部から送られてくる「売り・買い情報一覧」にあまり「興味」を示さない。また、「何としても」成約に結びつけようという「やる気」を持ち続けることも少ない（実のところ、忙しくて「売り・買い情報一覧」をみる暇もないのかもしれない)。そして、結果として、その貴重な「情報」は、残念ながら、それを必要とするかもしれない取引先には届かないのである。

三つ目は、「売り」ニーズのある取引先はそれなりに存在するのに対し、「買い」ニーズのある取引先は少ないという「売り・買いニーズのミスマッチ」の問題である。銀行を介した「マッチングネットワーク」を利用すれば、買い手は一般より「有利な条件」で購入することができるという「インセンティブ」をつけなければ、「買い」ニーズは増加しない。逆にいえば、売り手には「買い手にとって魅力的な条件」を出すことを事前に了解してもらう必要があるのである(図表5-1参照)。

## 4 システマティックな情報マッチング

「職人芸」のできる人材が、いつでもどの支店にもいるとは限らないことから、「システマティックに情報をマッチングさせる」長続きする「仕組み」をつくりたいと、多くの地銀は考えている。しかしながら、いままでみてきたように、それを行うには「さまざまな問題」が入り組んでいる。したがって、その目的を達成するためには、「何もかも」やりたいと「欲張る」のはやめて、本当に大事なことに「的を絞り」、その実現を図ることが「賢明ではないか」と筆者は考える。

そもそも、取引先はいったい何をいちばん「売り」「買い」したいのであろうか。当然、「自社製品・サービスの販売先を見つけたい」「自社製品製造に必要な原材料・部品をできるだけ有利な条件で購入したい」という「本業に係るニーズ」が「いの一番」にあげられるであろう。そして、これらは事業を行う以上、常に変わらず（「鮮度」が落ちずに）「持ち続けるニーズ」であるといっていい。

それ以外の、すなわち本業には関係ないが、何か「売りたい」「買いたい」ものがあった場合に発生する「その他ニーズ」もある。しかしこれは、その対象が「多岐にわたり」、またそうしたニーズが「いつ発生し」「いつ消滅するか」がきわめて「不確か」で、かつ、そうしたニーズが「存在する期間」はえてして短い（「鮮度」が落ちやすい）ため、常時これを正確に捕捉しておくためには、渉外担当者にきわめて「大きな負担」がかかってしまう。

そして、最後は「M&A関連ニーズ」である。この先、自社の事業環境がますます厳しくなると予想するため、または後継者が不在のため、「事業を手放したい」、あるいは反対に、将来の事業拡大を考えると、時間を買うためにもぜひ「同業他社を買収したい」というものである。これは、「その他ニーズ」ほど情報の「鮮度」の管理は大変ではないかもしれないが、事が事だけに関係者を限定せざるをえず、その情報の取扱いにはきわめて慎重にならざるをえない（図表5－2参照）。

## 5 情報の絞り込み

以上を考え合わせると、今後、「システマティックな情報マッチング」を行うことを目

**図表5-2 マッチングの対象となる情報ニーズとその特徴**

| | 備　考 | ニーズの特性 |
|---|---|---|
| ①本業に係るニーズ（ビジネスマッチングニーズ） | ●自社製品、サービスの販売先を「見つけたい」<br>●自社製品製造に必要な原材料、部品をできるだけ有利な条件で「購入したい」 | 事業を行う以上、常に変わらず「持ち続ける」（情報の「鮮度」が落ちにくい） |
| ②その他ニーズ | ●本業にはかかわらないが、何かを「売りたい」「買いたい」<br>●その対象が多岐にわたる | いつ発生し、いつ消滅するか“不確か”である（情報の「鮮度」が落ちやすい） |
| ③M＆A関連ニーズ | ●関係者は限定せざるをえず、情報の取扱いには慎重を要す | ①と②の中間 |

的とし、長続きする「仕組み」をつくるには、①その対象を「鮮度」をあまり気にせずにすむ種類の情報に「絞り込み」、②渉外担当者の「興味」や「やる気」にあまり左右されずに仕事が進む（運営される）「仕様」とすることが重要である。

「鮮度」をあまり気にしないという意味では、「自社製品・サービスの販売先を見つけたい」「自社製品製造に必要な原材料・部品をできるだけ有利な条件で購入したい」という「本業に係るニーズ」、いわゆる「ビジネスマッチングニーズ」は、事業を行う以上、常に変わらず（「鮮度」が落ちずに）「持ち続けるニーズ」であり、その取扱いが比較的容易であることから、これをその「絞り込む」べき情報と位置づける。

また、渉外担当者の「興味」や「やる気」に左右されずに仕事が進む（運営される）「仕様」とするためには、やはり「ITシステム」を活用せざるをえない。しかしながら、「ITシステム」を活用する以上、当然のことながら、そのデータベースに入力する情報の「信頼性」は高いものが要求される。

なお、かなりの頻度の「担当者入力」を必要とするシステムでは、担当者の「興味」や「やる気」次第で実質的にシステムが「機能しなくなる」リスクもあることから、そうしたことは避ける必要があろう。

「信頼性の高い情報」を核にするためには、渉外担当者が一定の「信頼できる資料」に基づき、その内容を定期的に確認する「企業融資先」をデータ入力の「対象」とする必要がある。そして、融資取引開始時にその取引先の「取引先要綱」（銀行によって「企業要綱」「顧客概要」など名称は異なるが、要するに当該企業の「プロフィール」をまとめた「基本台帳」）に、具体的に「何をつくり」「どこに販売し」、その製品をつくるのに「どういう原材料と部品を」「どこから購入しているか」を「詳細」かつ「明確」に記入する。

こうしたデータは「取引先要綱」から「行内ビジネスマッチングセンター」（以下「行内BMC」）内にある「行内ビジネスマッチングデータベース」（以下「行内BMDB」）に「自動転送」するようつくり込みをしておく。もっとも、企業は「生き物」であるから、時代とともに製造する製品の種類も変われば、それに使う原材料や部品の種類が変わっていくのは「必然」である。

そこで、当然のことであるが、融資先のそうした実態が変わるつど、その「取引先要綱」の内容を「詳細」かつ「明確」に「更新」することを渉外担当者に義務づけなければならない（結果として、その更新内容も行内BMDBに自動転送される）。

## 6 「相手方」の検索

こうして「行内ＢＭＤＢ」に全融資先企業の「製品」「販売先」「原材料・部品」「購入先」が登録される。

そして、取引先Ａから製品Ｂの「販売先紹介」を依頼された場合、法人渉外担当者は法人ＣＲＭでの簡単な操作を通じて、「行内ＢＭＤＢ」につながる「行内ビジネスマッチングシステム」（検索エンジン。以下「行内ＢＭＳ」）で検索し、製品Ｂを「原材料・部品」として取引先Ａ以外から購入している融資先を探し出すのである。

すなわち、法人渉外担当者が「売り・買い情報一覧」をみて、その「相手方」を見つけ出すという「担当者頼り」ではなく、「行内ＢＭＣ」という「ＩＴシステム」が自動的にその「相手方」を検知するのである。こうして、地銀の「システマティックな情報マッチング」を行う、長続きする「仕組み」の「スケルトン」はできあがった（図表５－３、５－４参照）。

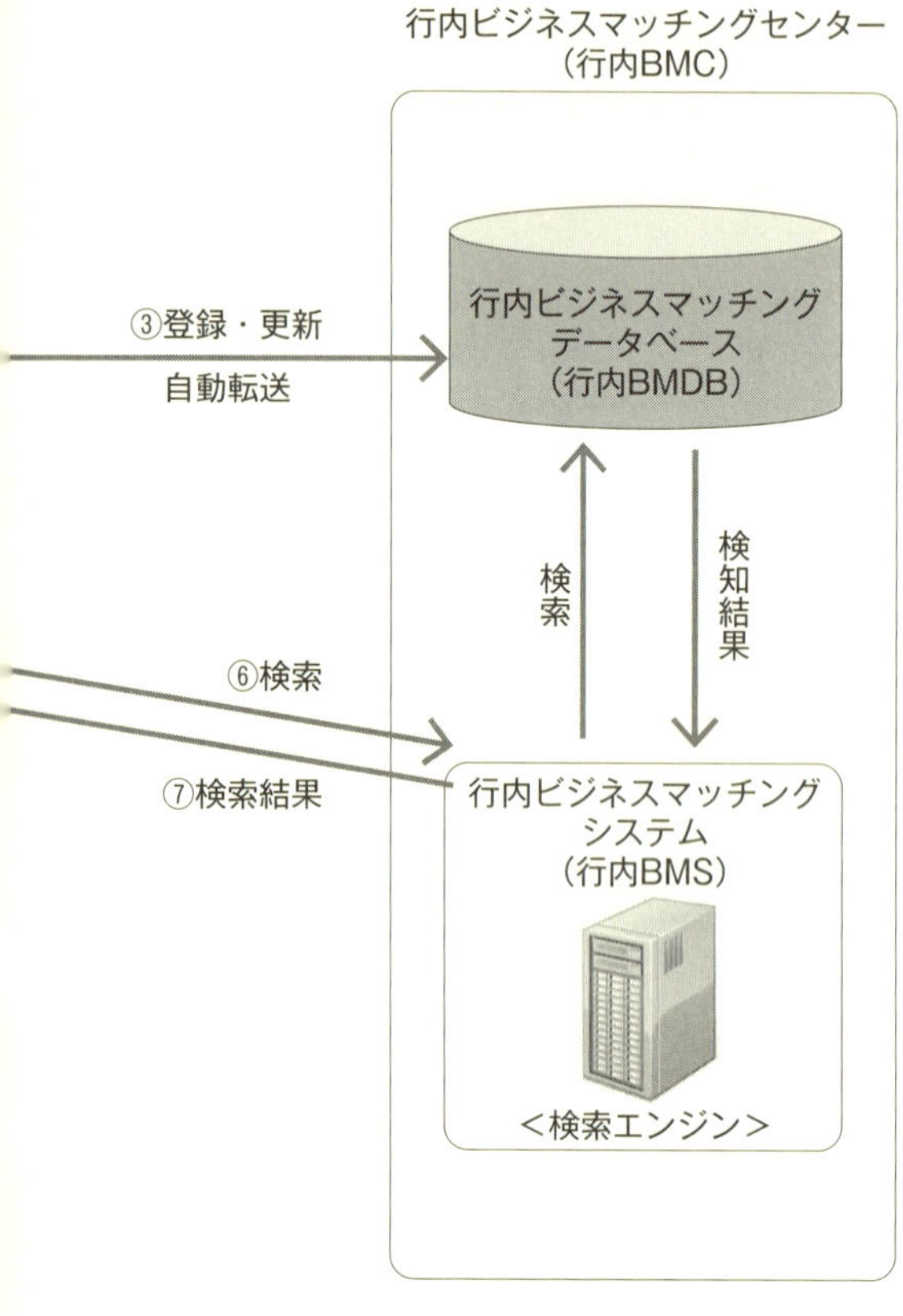
行内ビジネスマッチングセンター
（行内BMC）
③登録・更新
自動転送
行内ビジネスマッチング
データベース
（行内BMDB）
検索
検知結果
⑥検索
⑦検索結果
行内ビジネスマッチング
システム
（行内BMS）
＜検索エンジン＞

図表５-３　システマティックな情報マッチング

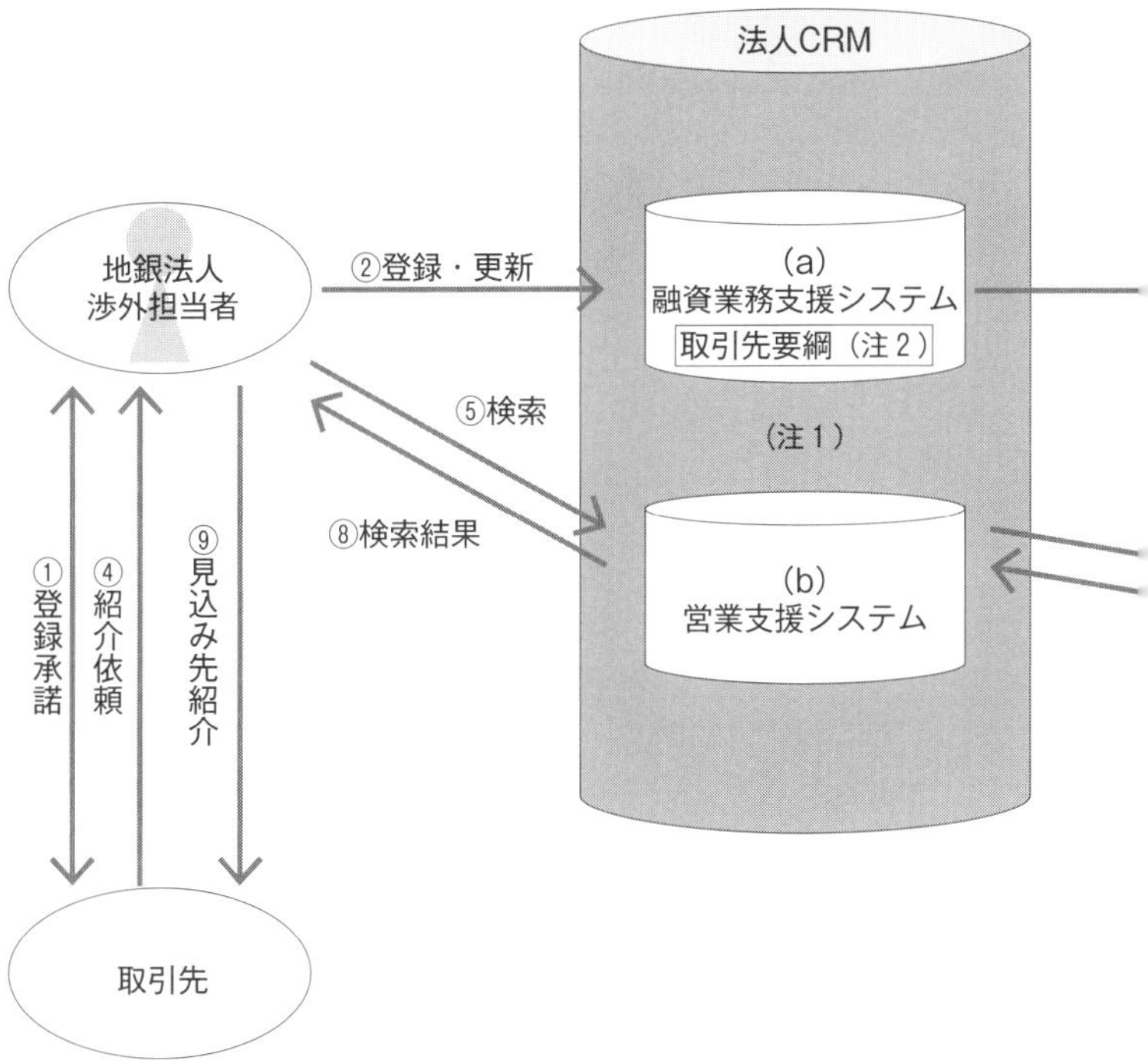


（注１）　銀行によっては、(a)、(b) が同一のシステムで運用されるところもある。
（注２）　銀行によっては、「企業要綱」「顧客概要」など、名称は異なるが、取引先のプロフィールをまとめた「基本台帳」である。

**図表5-4　「取引先要綱」を使ったビジネスマッチングのイメージ**

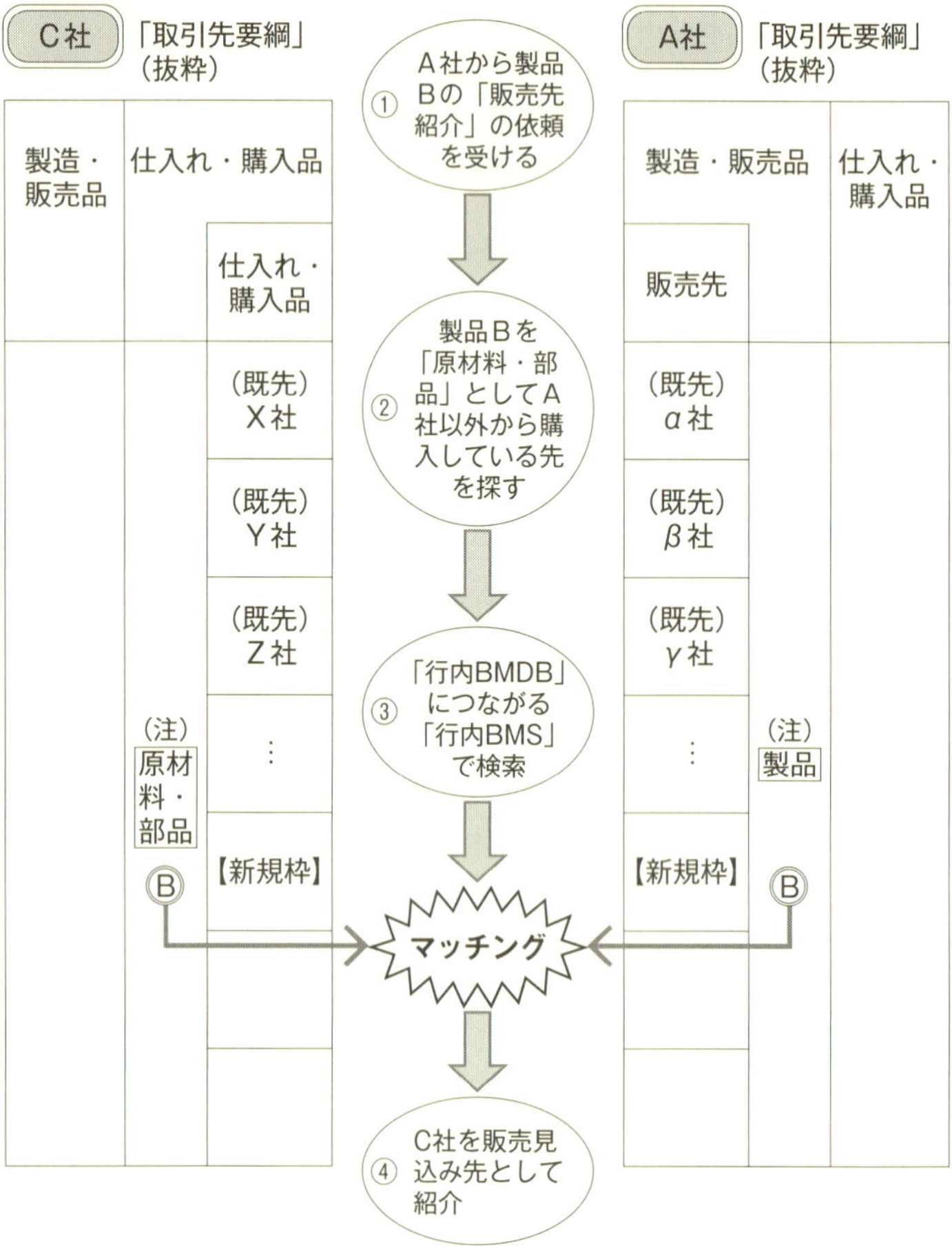


（注）　A社が製造する製品Ⓑは、C社が購入する原材料・部品Ⓑに等しいことが前提となる。

ただ、誤解があるといけないのでお断りしておくが、この「ＩＴシステム」はどこかの銀行ですでに完成しているわけではなく、コスト面の見積りをしっかり行ったわけでもない。こういう方向に進めばいい、というあくまで筆者が想定する「理想の姿」である。

## 7　地銀連携の威力

しかしながら、地銀一行でこうした「仕組み」をつくるには、おのずと限界がある。たとえば、一つの地銀で企業融資先が数万社あったとしても、現在のように細分化された種類の原材料・部品を使っている企業を探し出すには、それなりの数の「母集団」が必要となる。

また、取引先によっては、本社は地銀の地元にあるものの、工場は全国各地に分散しているかもしれないし、自社製品の販売を「全国至るところ」で強化したいと考える企業もあるかもしれない。

さらには、原材料・部品によっては、ある業種の企業で集中的に使われ、かつ、そうした業種の企業が日本の一部の地域に「偏在する」こともありうる。

どのケースでも、地銀一行だけでその対応を図ることはむずかしい。そこで、全国各地に所在する地銀と連携し、かなりの数の企業融資先を当該「ネットワーク」のなかに取り込むことにより、その対応できる「幅」が着実に広がっていくのである。

## 8 具体的な連携の仕方

具体的には、複数の地銀が参加し、中立機関が運営する「共同ビジネスマッチングセンター（仮称）」（以下「共同ＢＭＣ」）の「それぞれ」のデータベースに、当初、各地銀が該当データを一括登録し、その後は各行が逐次、当該データベースへ「登録」「更新」を行う。

そして、各行で「検索ニーズ」が発生した場合には、参加する全行のデータベースへの「横串検索機能」をもつ「共同ビジネスマッチングシステム（仮称）」（以下「共同ＢＭＳ」）と呼ぶ検索エンジンに接続し、「横串検索」を行うことになる（図表5－5参照）。

同様の目的で、さまざまな機関がこうした「仕組み」づくりにチャレンジしているが、そのほとんどが実質的には機能していないといっても過言ではない。

その理由としては、①データ数が限られ、なかなか「期待されるような成果」が出にくいこと、②「登録」する際、担当者が必要データを入力する手間が「めんどう」で敬遠されがちなこと、③自行以外の参加者・登録先の「実態」が不透明なこと、などがあげられよう。

この点、「共同BMC」を利用するスキームにおいては、以下の①～③の理由から、信頼が置け、安心であり、前記のすべての問題は「クリア」できるものと思われる。

① 上中位地銀が一〇行程度集まれば、少なくとも二〇万～三〇万社程度のデータベースの規模になり、十分な「成果が期待できる」。

② 必要とするデータは「取引先要綱」から自動転送されるため、本件のために入力するという「手間はかからない」。

③ すべての「参加者」が「地銀の仲間」であり、「登録先」もその「取引先」である。

したがって、この「仕組み」ができあがった暁には、地銀間で多くの利用が予想され、将来、ビジネスマッチングにおける「重要インフラ」として、長きにわたって有効に活用

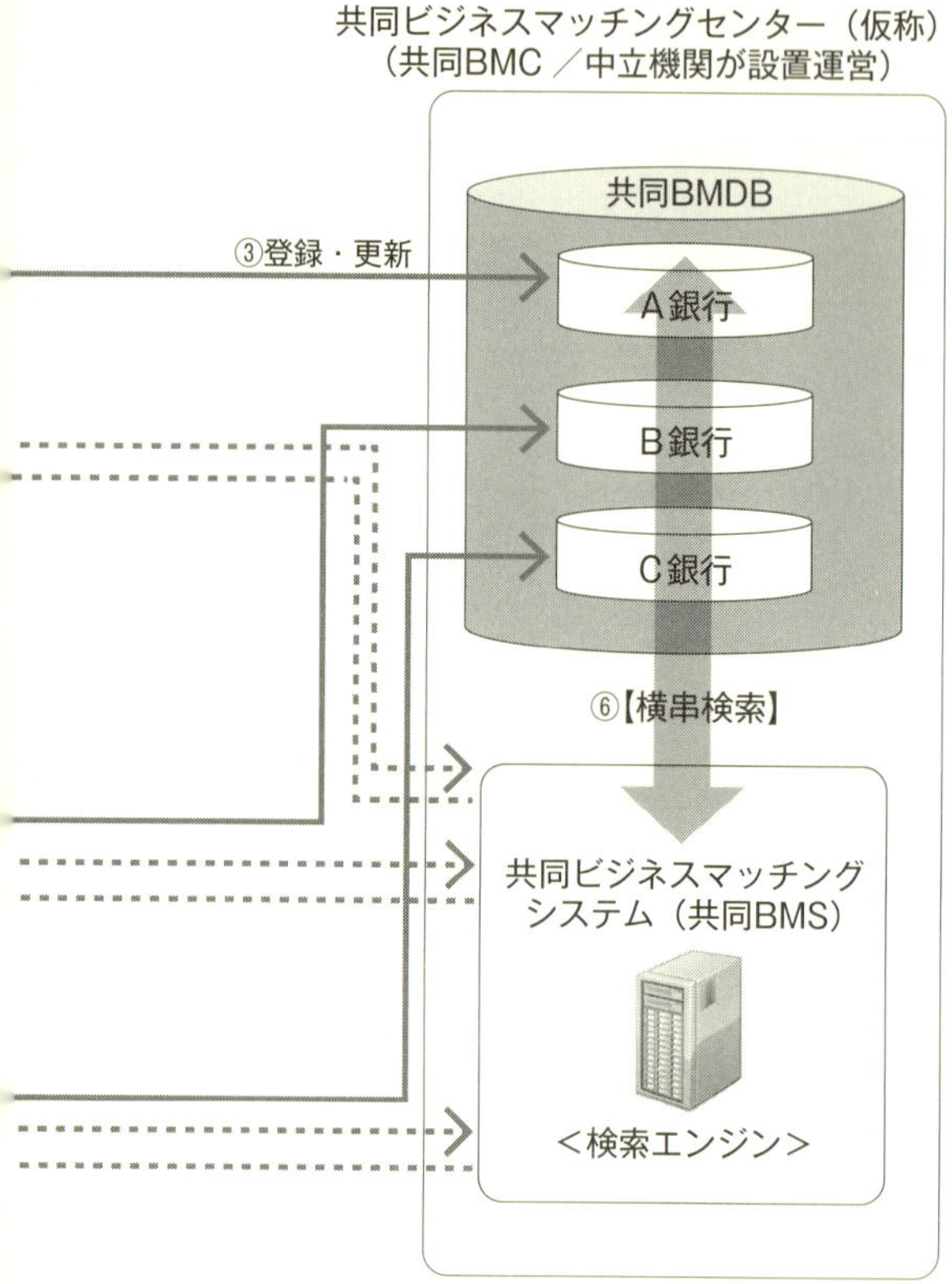
共同ビジネスマッチングセンター（仮称）
（共同BMC ／中立機関が設置運営）
共同BMDB
③登録・更新
A銀行
B銀行
C銀行
⑥【横串検索】
共同ビジネスマッチング
システム（共同BMS）
＜検索エンジン＞

**図表 5-5** 「共同ビジネスマッチングセンター（仮称）」活用による地銀連携

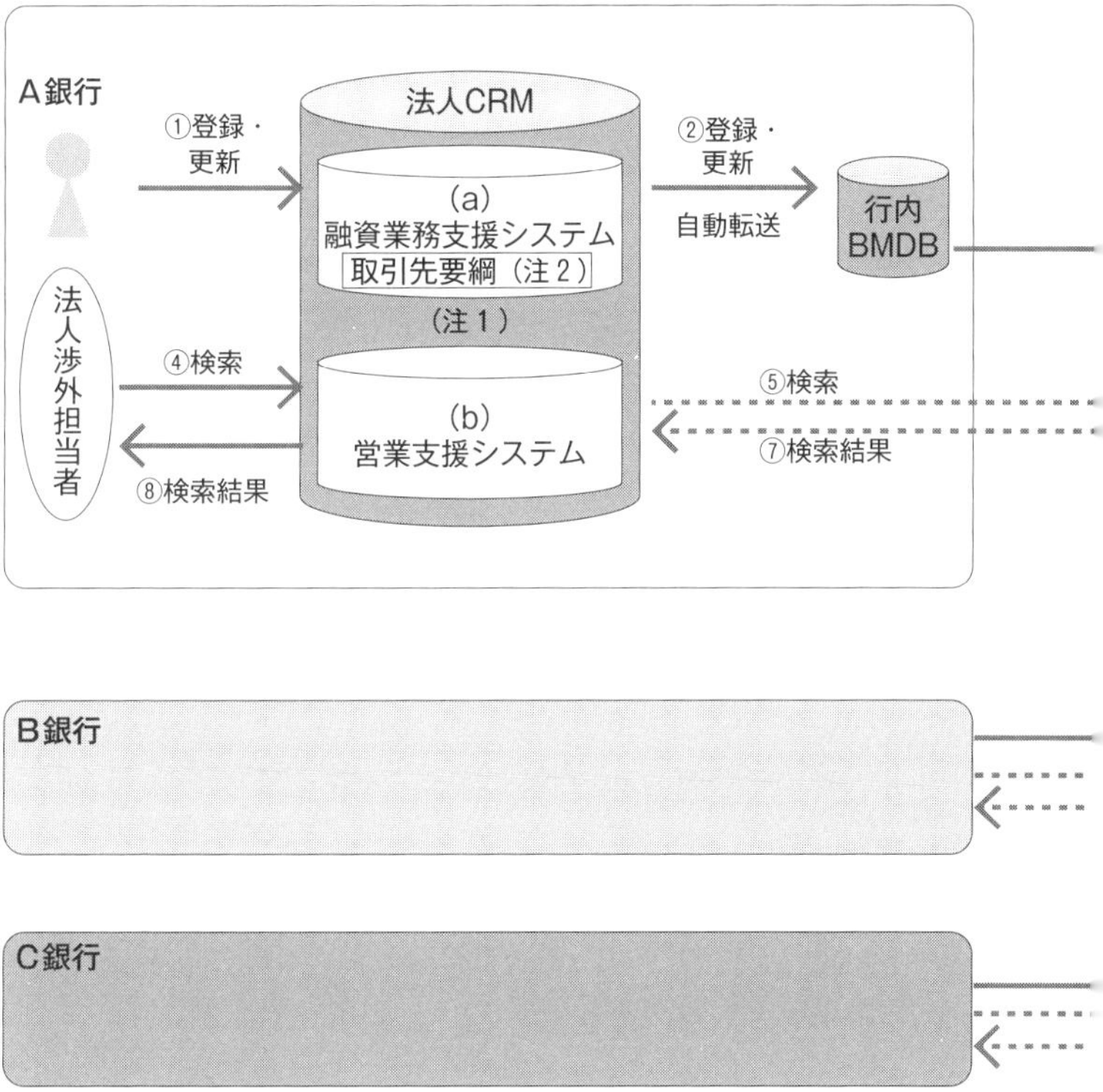


(注1) 銀行によっては、(a)、(b) が同一のシステムで運用されるところもある。
(注2) 銀行によっては、「企業要綱」「顧客概要」など、名称は異なるが、取引先のプロフィールをまとめた「基本台帳」である。

されるものと筆者は確信している（図表5－6参照）。

## 9 取引先の事業拡大による共存共栄へ

第2章において、筆者は「地銀は取引先に資金を供給することと同様に、しっかりとしたコンサルティングを行うことが重要である」旨の指摘をした。企業が「成長していく」過程において、経営者はさまざまな課題に直面し、そうした課題について「金融上のよきパートナー」である地元地銀に相談しにくる。

したがって、地銀としては、そういう取引先

**図表5－6　一般的なビジネスマッチングシステムの問題点と「共同BMC」の利点**

| | 一般的な問題点 | 地銀共同BMCの利点 |
|---|---|---|
| ①データ数 | データ数が限られるため「期待される成果」が出にくい | 上中位地銀が10行程度集まれば、20万～30万社程度のデータベースの規模となり「成果が期待」できる |
| ②入力の手間 | 登録先の内容やニーズを詳細に入力する必要があり、めんどうである | 「取引先要綱」から自動転送されるため、本件のための入力は不要となる |
| ③参加者の実態 | 自行以外の参加者・登録先の「実態」が不透明であり、不安が残る | 「参加者」は地銀、「登録先」はその取引先であることから、信頼が置け、安心である |

のニーズに真正面から向き合い、一緒になってその課題の一つひとつについて、ともに考え、ともに解決策を見出すべきだ、というのがその趣旨である。

企業は「成長していく」ためにも、日々の仕事を確実に「獲得」し、それをしっかりと「仕上げ」ていく必要がある。仕事が思うようにとれないときには、少しでも販売先を広げるため、取引銀行である地元地銀に相談にくるかもしれない。そのようなときには、地銀は取引先の話を「真摯になって聴く」のはもちろんのこと、少しでも取引先に「役立つような」先を紹介することも必要となろう。そして、そうしたときにこそ、「信頼できる情報」をもつことは、地銀にとっても、また、相談にくる取引先にとっても、非常に「心強い」に違いない。

地銀連携の活用によりつくりあげる「共同ビジネスマッチングセンター（共同ＢＭＣ）」を有効に活用して、「信頼できる情報」を取引先に提供し、ひいては取引先の「事業拡大」に貢献することにより、地銀が地元地域において取引先と「共存共栄」を図れることを切に希望するものである。

コラム7

## 地銀の新任「取締役」にも研修は必要？（その1）

### ――これからの取締役に求められる「監視」機能

どの組織もそうであるが、いやしくも「役員」（執行役員を含む）になるためには、当該「組織」に対する「貢献」が大であり、かつ将来、組織のさらなる成長・発展を図るうえで、その人物の「能力」が必要不可欠である、と経営者に認められることが必要だ。そして、多くの地銀においても、まさにそうした判断のもと、役員が選ばれているものと理解している。ただ、個々の「役員候補者」が、こうした「貢献」「能力」を「行い」「発揮する」分野は実にさまざまである。

長年、営業一筋の「たたき上げ」の「前線司令官」は、営業推進面において抜群の力をもち、他方、「目利き」に長けた「融資のプロ」は、限られた情報のなかから、当該案件の真贋を見極める力をもつ。また、自らの「チーム」をうまくまとめ上げ、市場において数々の荒波を掻《か》い潜《くぐ》ってきた「マーケットのプロ」は、どのような環境においても安定的に収益を稼ぎ出す力をもつ。

さらには、「人事管理」や「財務」にかけては右に出る者がいないような管理部門の「エキスパート」もいるであろうし、また、常に自行全体の「次の一手」を考えているような「企画マン」もいるかもしれない。このように、地銀の「役員候補者」の育つ「フィールド」は実に多様なのである。

銀行によって多少制度が異なるかもしれないが、部長を委嘱された役員（主として執行役員）は、主に任された部のパフォーマンス・管理に注力することを一義的に求められる。一方、部長を委嘱されていない役員（主として取締役）は、自らの分掌上、「担当する部門」が決まっているとはいえ、取締役としてお互い「監視」し合う責任を有し、かつ銀行全体の運営に対する責任を株主に対してもつことになる。

こうしたことから、地銀各行とも「取締役」ともなれば、「コンプライアンス」を中心に全国地方銀行協会をはじめとして、さまざまな機関で当該研修を受講することになる。そして、これはきわめて重要なことである。

ただ、前記「監視」の意味するところは、一義的には「コンプライアンス」遵守に関連することとはいえ、ただ「それだけではない」、と筆者は考えるのである。すなわち、自らの担当する部門「以外」についても、ある程度の「知識」をもち、「理解」をし、「自行」の全体の戦略に照らし合わせたうえで、これは少し「方向感」が違う、と感じたならば、しっかりと役員会（経営会議、常務会、取締役会など）で、その旨述べることが重要である、と考えるのである。

従来から、いわゆる「日本流」の役員会であれば、自分の所管以外は「口を出さない」、というのが一般的であったが、これからの「変化の激しい」時代においては、一人の担当役員が実質一人で（最終的には頭取の判断を仰ぐにせよ）決定する、一部門における「経営判断」が、結果として「銀行の経営」そのものを大きく揺るがすような事態に陥る可能性は否定できない。そして、そうしたことから、各部門の重要事項について、実質、担当役員だけで決定するのではなく、少なくとも何人かの役員が「大筋」で進むべき方向性を「理解」し、「合意」し、そして「共有」することが重要だ。

こうしたことを前提に考えると、「取締役」になった以上、銀行経営全般に対する「大まかな」理解が最低限必要となる。「取締役」になるくらいの行員であれば、三〇年近く「銀行員」をやっているのだから、何も特別に「教育」しなくても、そのくらいわかるだろう、と思う向きもあるかもしれないが、現実問題として、そうはいかないのである。

# 第6章

# 地銀連携の新たな「魅力づくり」を目指して

## ――連携はそれぞれの地銀の多様性を高める

【ポイント】

① 地銀連携で「弱み」をカバーし、それに「強み」を加えれば、地銀は大手行に十分伍していける。

② 地銀連携は「地域指向」から「目的指向」へ深化させるべき。

③ 地銀の「多様性」を引き出し、「花開かせる」ことにより、「地銀連携」の魅力を高めることが重要。

筆者は第1章において、これまでの地銀連携の実績を振り返り、先人が残した財産を高く評価するとともに、これからの「急激かつ大きく変化する」環境のなかでは「コスト削減指向」の連携だけではなく、「トップライン増加指向」の「戦略共創・ノウハウ共有」型地銀連携が必要である旨を説き、その後、第2章以降で個別のテーマにつき具体的に論じてきた。個別テーマについて具体的な議論を展開するにつけ、筆者自身も「なぜ地銀連携が必要なのか」について、あらためて深く考える機会を得た。

そこで、読者とそれを共有することを目的に、大手行と比べた地銀の「強み」と「弱み」について、いま一度簡単に整理してみたい。

## 1　地銀の「強み」とは？

大手行と比べた、地銀の「強み」は何であろうか。これまで筆者が折に触れ述べてきたように、地元の取引先との「深い信頼関係」に基づき、お互いが「金融上のよきパートナー」であると「認識し合う」、特別な位置づけ・関係が筆頭にあげられよう。

取引先にとって地銀は、何か困ったことがあればいちばんに「相談する」相手であり、また、銀行に何か依頼をしようと思えば、いちばんに「頼りにする」存在なのである。そして、地銀もそうした関係を「他にかえがたい大切なもの」と考え、そうした取引先からの相談や依頼に対しては、常に真正面から「向き合い」、「真摯に」対応してきたのである。

この特別な位置づけ・関係は一朝一夕になしうる業ではなく、地銀がその「経営理念」

「経営方針」に基づき、トップから新人に至るまで、日々の仕事のなかで具現化してきた「真面目」で「ひたむき」な取引先との付合い方があってこそ、はじめて生み出される「賜物」であると筆者は確信している。

二つ目は、「仕事のやり方」における、よい意味での「地銀らしさ」である。その最たるものは、大手行と違い、地元に「根付き」、地元の企業と「共存共栄」を図りながら、取引先と「末永く」付き合うなかで自らの成長を図るという「姿勢」であろう。これは、言い方を変えれば、目先のことに一喜一憂せず、地元で事業を行う取引先の将来をしっかり見据えながら取引を行っていくという、仕事を行ううえでの「基本姿勢」である。

したがって、仮に取引先が二期連続で「赤字」を計上したとしても、当然のことながら「すぐに融資金の返済を求める」ことなどせず、その理由をしっかりと見極め、必要であれば再建のために行員を派遣することも含めて適切なアドバイスを行い、また、必要となる資金についても円滑に供給する。こうした「仕事のやり方」「基本姿勢」が「地銀らしさ」として、世間から高く「評価」されているのである。

そして三つ目は、一つの取引先を十分に「理解している行員」が、当該取引先の近くに「多数存在」するということである。一部の地銀を除いて、地銀の営業地域は限定されているため、行員が異動となり、ある取引先の担当を「外れる」ことになったとしても、引き続き「目の届く範囲」の近隣の支店などで仕事を続けることが一般的である。したがって、当該取引先としても、いままでの「さまざまな経緯」を承知している「複数」の行員が「近隣」にいることから、大変「心強く」、何か問題が生じた場合でも、そうした「取引先担当OB」の力を借りてスムーズに問題を解決する、ということも十分可能である。そして、こうしたことは大手行には決して真似のできないことなのである（図表6－1参照）。

**図表6－1　大手行と比べた地銀の「強み」**

| 項　目 | 備　考 |
|---|---|
| ①「金融上のよきパートナー」としての位置づけ | 取引先と「深い信頼関係」で結ばれ、取引先にとっていちばん「相談できる」「頼りになる」存在となる。 |
| ②「仕事のやり方」における「地銀らしさ」 | 地元に「根付き」、取引先と「共存共栄」を図りながら「末永く」付き合う、そうした「姿勢」が世間から高い評価を受けている。 |
| ③取引先を理解する「多くの行員」の「存在」 | 異動した後でも、いままでの取引先の「さまざまな経緯」を承知している「取引先担当OB」が取引先の近隣に多数存在する。 |

## 2 地銀の「弱み」(1)——専門的機能

翻って、大手行と比べた地銀の「弱み」は何であろうか。まず、あげられるのは「専門的機能」の「脆弱性」であろう。これまで再三述べてきたように、大手行はその規模のメリットを生かし、さまざまなテーマについて知識・経験のある「専門チーム」を数多く、かつ大きな規模で有している。そして、こうした大手行の専門的機能に対し、地銀一行で対抗しようとしても、残念ながら「歯が立たない」のが、規模の圧倒的な違いからくる「厳しい現実」である。

しかしながら、地銀にとって「本当に重要」であると思われるテーマに「絞り込み」、連携してこれにあたれば、ある程度「大手行にも対抗」できるものと筆者は確信している。そして、それらは、単に大手行の専門的機能を「真似る」ことではなく、「地銀らしさ」を前面に押し出し、「きらり」と光る「魅力」を高めることによって、大手行のそうした機能にも「勝る」機能をもつことができると考える(「テーマ別機能共有」の重要性)。

第2章「地銀連携の展開(1)――取引先を対象とした有料コンサルティング専門チームの共同設置」や、第3章で取り上げた「融資判断・営業推進に資する産業調査専門チームの共同設置」で、そうしたことについて詳しく述べた。

すなわち、「コンサルティング」についていえば、中小企業のさまざまな「経営課題」に対して、地銀数行で共同設置したコンサルティング専門チームでコンサルティングを行い、そこで得られたノウハウを「蓄積」し「共有化」することにより、その後、同種の「経営課題」についてコンサルティングを希望する中小企業に対して、「より短時間」で「より効果のある」解決策を提供できるようにする。

また、「産業調査」についていえば、同様に共同設置した「産業調査専門チーム」が、その調査レポートを書くにあたって、ある業種の最近の動きを「単純」に紹介・解説するだけではなく、そうした動きが「下請け企業」である（そして、地銀の主たる取引先であることの多い）「中小企業」にどのような「影響」を及ぼすのかについて、しっかりと「書き添える」ことは「地銀らしさ」を示す特長であろう。

加えて、そうしたレポートで、ある業種の「日本全体での動き」がわかったとして、特定の「地域」ではどういう「特性」「地域性」があるのかについて、その地域を「ホームマーケット」とする地銀が「補足」のコメントを行えば、まさに「地銀らしさ」の一つの例となるであろう。

## 3 地銀の「弱み」(2)――データ量

二つ目の「弱み」は、データ量の「少なさ」であろう。多くの地銀の「ホームマーケット」である「地域」の人口は今後急激かつ大きく減少し、また、高齢者人口の割合も急激に増加することが予想される。一方で、地銀の来店客数はかなり以前から減少しており、来店されてもATMで用事をすませ、行員の座る窓口に「立ち寄らない」取引先の割合が増えている。

こうしたなかで、地銀の行員が取引先と「フェース・トゥ・フェース」で面談する機会はきわめて限定され、特に主要法人や個人富裕層を除く取引先との接点を見出すのは、なかなかむずかしいのが現状である。そして、そうした取引先は自らの「ニーズ」や「ライフスタイル、生活環境の変化」を銀行にほとんど話すこともなく、まさに「サイレントマジョリティー」となりつつある。

こういう状況のなかで、取引先のニーズを的確に把握し、これにしっかりと対応していく一つの手段として、「イベント・ベースド・マーケティング」（ＥＢＭ）があるが、これを「効率的」かつ「効果的」に行うためには、ある程度の数の「母集団」が必要となる。残念なことに、地銀一行の取引先のデータ量では、こうした分析を行うのに必ずしも十分とはいえないのが現状である。

しかしながら、第４章「地銀連携の展開(3)――ビッグデータを使ったマーケティングモデルの共同開発」で述べたように、上中位地銀六～七行が集まれば、そのデータ量は大手行一行分に匹敵し、統計学的分析が十分可能となり、結果として「効率的」「効果的」なマーケティングが可能となる。また、地銀がそれぞれの地域で取引先と「やりとり」するなかで蓄積された「ノウハウ」を持ち寄れば、「地銀らしさ」を十分反映した、「魅力」あるマーケティングモデルが確実にできあがると筆者は確信している。

さらに、第５章「地銀連携の展開(4)――地銀共同センターを活用したビジネスマッチングの実施」においても、同様にそうした地銀数行によるデータ集積の必要性と「匿名性を担保」したデータの共同利用の重要性を指摘している（「データ共用」の重要性）。

## 4 地銀の「弱み」(3)——教育機会

三つ目の「弱み」は、行員の「教育機会」の「少なさ」であろう。誤解があるといけないので、お断りしておくと、筆者は何も地銀の入行後の研修カリキュラムが大手行のそれに比べて劣っている、といっているわけでは決してない。それどころか、仕事の関係上、数多くの地銀の行員の方々と、二〇代の若手も含めてお付合いいただいているが、正直、皆さんよく勉強されていてきわめて優秀である。

ただ、大手行にやや「分がある」とすれば、行内に数多くの優秀なライバルがおり、ともに「切磋琢磨」しながら成長していく「機会」が多いということであろう。これは営業店というよりも、本部の仕事において、より「色濃く」出る特徴であると思われる。すなわち、マーケティング部門一つとっても、そこには優秀な若手が多数在籍し、日々、厳しい上司や先輩たちの指導を受けながら、多くの議論に加わり、「専門性」を高めているのである。こうしたことも広い意味での「教育機会」ととらえ、そうしたことの「少なさ」

を指摘しておきたかった。
しかしながら、地銀協主催の集合研修への参加や、地銀各行の本部若手行員が地銀連携の一環として一堂に会して「戦略を練る」にあたり、「侃々諤々」「喧々囂々」の議論を行うなかで、よい意味でともに「競い合う」経験を十分に積んでいくことができれば、こうした「分の悪さ」も、かなりの程度解消できるものと考える。すなわち、自らの「道場」にいい練習相手がいないのであれば、外に打って出て「他流試合」で腕を磨くべきだ、ということである（「人材共育」の重要性。図表6－2参照）。

**図表6－2　大手行と比べた地銀の「弱み」とその対応策**

| 項　目 | 内　容 | 対応策 |
|---|---|---|
| ①専門的機能の脆弱性 | 大手行の「専門チーム」のような、専門知識が蓄積されていない。 | 地銀にとり「本当に重要」であるテーマに「絞り込み」、連携すれば大手行への対抗は可能。<br>⇒「テーマ別機能共有」の重要性 |
| ②データ量の少なさ | 「効率的」「効果的」なEBMを行うためにはデータ量が少ない。 | 上中位地銀6～7行がデータを持ち寄れば、大手行1行分のデータ量に匹敵する。<br>⇒「データ共用」の重要性 |
| ③行員の「教育機会」の少なさ | 行内（特に本部）でライバルと「切磋琢磨」する機会が少ない。 | 地銀各行の本部若手が一堂に会し、議論を行うことにより、弱点をカバーできる。<br>⇒「人材共育」の重要性 |

## 5 「地銀連携」がなぜ必要なのか

「地銀連携」はなぜ必要なのか。読者はもうおわかりであろう。それは、大手行に比べた地銀の「弱み」を少しでもカバーするためである。

これまでみてきたように、「テーマ設定」と具体的な「連携の仕方」をうまく行えば、連携はきわめて有効に機能するはずである。そして、地銀の「そもそも」の「強み」を加えたトータルで考えれば、地銀の「総合力」は決して大手行に「引けをとらず」、十分に「伍していける」と筆者は確信している。

## 6 別の「切り口」からみた地銀連携の分類

地銀同士が同じマーケットで厳しい競争を繰り広げている地域もあれば、逆に自行に

「近接」した地銀とさまざまなテーマで「情報交換」を行うなど、親しい関係を築いているところもある。後者の地銀はその歴史的経緯から、お互いに相手の「ホームマーケット」にほとんど出店せず、結果として営業地盤をうまく「棲み分け」てきた。単なる「情報交換」にとどまらず、「業務提携」、そして「統合」へと「昇華」していったものもある。これも地銀連携の一つの「かたち」である。

ただ、地銀がよって立つ「地域」により、そうした可能性が決定されると同時に、残念ながら、その連携の「広がり」はおのずと限定されてしまう。筆者はこうした地銀連携を「地域指向」の「近隣重視」型連携と呼ぶ。一方で、同じ「地域指向」の連携であっても、あえて少し離れた地域の地銀と「業務提携」を行う場合もある。これは同一マーケットにおいて他地銀と激しく競合する場合などに多く、これを「地域指向」の「広域重視」型連携と呼ぶことにする。

これに対し、ある「目的」のために、それに「賛同」する地銀が集まって連携することもある。これを「目的指向」の連携と呼ぶ。こうしたタイプの連携はその「広がり」において、「地域指向」とは比べものにならないほど「自由」であり、「しなやか」である。そして、そのなかにはＩＴシステム（主として勘定系）の共同化や、信用リスク情報統合シ

**図表6-3　地銀連携の「切り口」を変えた分類**

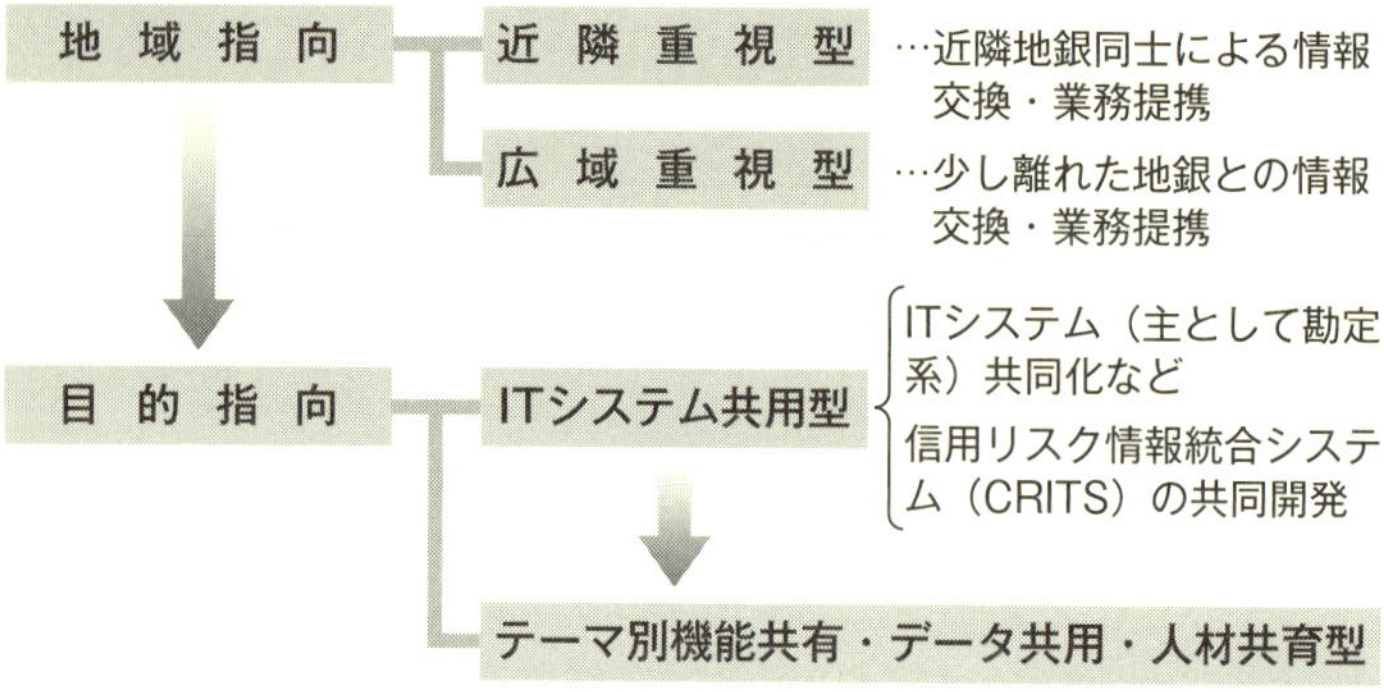


【具体例】
①ビッグデータを使ったマーケティングモデルの共同開発（第4章に掲載）
②融資判断・営業推進に資する産業調査専門チームの共同設置（第3章に掲載）
③取引先を対象とした有料コンサルティング専門チームの共同設置（第2章に掲載）
④地銀共同センターを活用したビジネスマッチングの実施（第5章に掲載）

ステム（CRITS）の共同開発などITシステムの共同開発・共同利用に特化した連携がある。筆者はこれを「目的指向」の「ITシステム共用」型連携と呼ぶことにする。

一方、同じ「目的指向」の地銀連携でも、より戦略性を強めた連携もある。これは本稿で縷々説明してきたように、地銀の「弱点」を少しでもカバーして大手行に対抗するため、大手行にも勝るような「テーマ別」の「機能」を

**図表6-4　地銀連携の深化について（再掲載）**

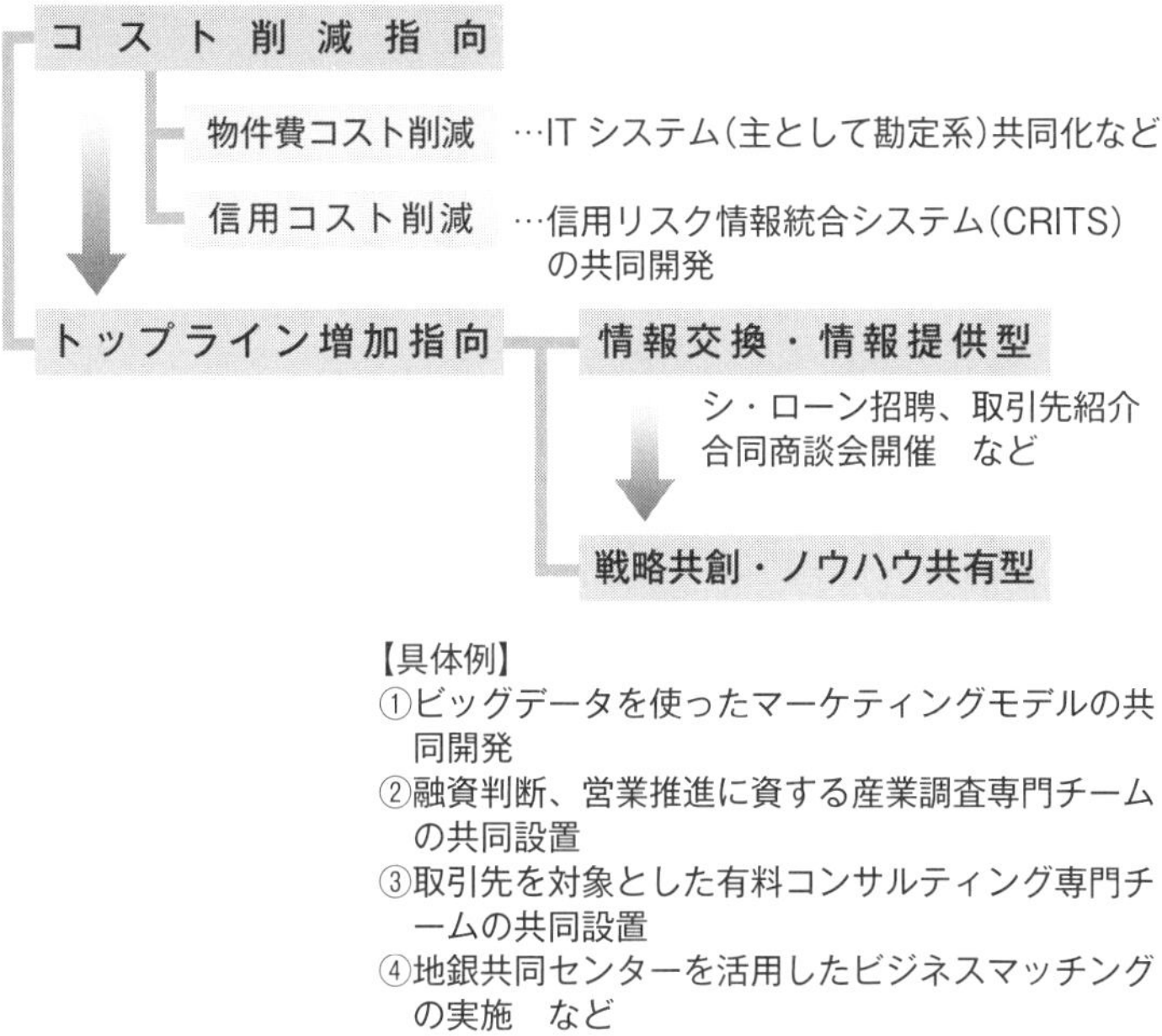
コスト削減指向
物件費コスト削減
…ITシステム(主として勘定系)共同化など
信用コスト削減
…信用リスク情報統合システム(CRITS)の共同開発
トップライン増加指向
情報交換・情報提供型
シ・ローン招聘、取引先紹介
合同商談会開催　など
戦略共創・ノウハウ共有型
【具体例】
①ビッグデータを使ったマーケティングモデルの共同開発
②融資判断、営業推進に資する産業調査専門チームの共同設置
③取引先を対象とした有料コンサルティング専門チームの共同設置
④地銀共同センターを活用したビジネスマッチングの実施　など

複数の地銀で「共有」する連携である。この連携の特徴は、各々のテーマに賛同した地銀が「この指止まれ」方式で「自由」に連携に加われることである。筆者はこれを「目的指向」の「テーマ別機能共有・データ共用・人材共育」型連携と呼ぶことにする（図表6－3参照）。

第1章で筆者は「ITシステム共同化」を「コスト削減指向」の連携と説明し、「ビッグデータを使ったマーケティングモデルの共同開発」

「融資判断・営業推進に資する産業調査専門チームの共同設置」「取引先を対象とした有料コンサルティング専門チームの共同設置」「地銀共同センターを活用したビジネスマッチングの実施」を、「トップライン増加指向」の「戦略共創・ノウハウ共有」型連携と説明したが、「切り口」を変えれば、前者は「目的指向」の「ITシステム共用」型、後者は同「テーマ別機能共有・データ共用・人材共育」型連携ともいえる。

そして、筆者は、「地域指向」から「目的指向」へ、また「目的指向」のなかでも「ITシステム共用」型から「テーマ別機能共有・データ共用・人材共育」型の地銀連携へ深化させるべきであると考えるのである（図表6－4参照）。

## 7 地銀連携の新たな「魅力」

筆者は地銀連携を行う理由について、大手行に比べた地銀の「弱み」を少しでもカバーするためだと論じた。しかしながら、そうした理由であったとしても、いったん「効率的」「効果的」な地銀連携が実現すると、いままで気づかなかった新たな「魅力」がみえてくる。それは、地銀の「集合体」としての「多様性」の「魅力」である。各々の地銀は、その「地域性」や「歴史的経緯」などから、それぞれ際立った「特性」を有しており、それでいて、地元においては、多くの取引先の「金融上のよきパートナー」として、各々がきわめて大きな「存在感」を誇っている。

こうしたさまざまな「特性」をもつ地銀が数行集まって連携することにより、地銀一行では到底「味わえない」ような「多様性」が「花開く」のである。それは地銀連携そのものに対しても大きな「魅力」を与えるとともに、その「可能性」を「広げる」ものでもある。

たとえば、「EBM」を行うにあたって、さまざまな「イベントモデル」をつくる際には、そうしたデータの「多様性」が何にも増して貴重な「財産」となる。

また、「ビジネスマッチング」を行うにあたって、その「ヒット率」を高めるためには、「多様性」に富んだ業種の取引先を多くもつことが大きく貢献するのである。そして、それは地方に多くの拠点をもたず、かなりの程度「画一性」の強い大手行には、とても「真似」のできない「芸当」であると筆者は考えるのである。

地銀連携を進めることによって地銀の「多様性」を引き出し、それを「花開かせる」ことによって、それがまた地銀連携の「魅力」を高めるという、「好循環」の地銀連携が育っていくことを切に希望する。

コラム8

## 地銀の新任「取締役」にも研修は必要？（その2）

### ――「エグゼクティブ研修」も地銀連携が効果的

前述したとおり、地銀の「役員候補者」の育つ「フィールド」は実にさまざまである。逆にいえば、ビジネスフィールドが従来に比べて格段に広がり、また、リスク管理をはじめとした経営管理手法が従来と比べものにならないほど、奥深く専門化した昨今の地銀経営においては、さまざまな分野の「専門家・エキスパート」がそれぞれの専門性を背負いながら、経営陣として参画する仕組みがどうしても必要となっている。

そして、そうであるからこそ、多くの「取締役」一人ひとりは自分の得意とする専門分野の経歴が必然的に長くなり、結果として「それ以外」の分野についての経験や知識が不足することになる。そういう意味で、これは「取締役」に「専門性」を求めた、自然な「帰結」であるといっていい。

ただし、地銀のなかには、将来の「経営体制」の布陣を考えながら、将来有望な「役員候補者」に計画的にさまざまな部署を経験させ（筆者はこれを「プレ・エグゼクティブ・ローテーション」と呼ぶ）、「取締役」になった頃には、「他部門」についても、一通り「知識」をもち、また「理解」できるよう「人材育成」しているところもある。

そして、その場合には「取締役」になる人材は、こうした経験から銀行業全般にわたり、ある程度の「土地勘」は備わるのかもしれない。ただし、逆にいえば、一つの部署での経験がそれほど「長く」はないことから、必ずしも十分な経験をもつ「専門家・エキスパート」とは言いがたいかもしれない。

したがって、「プレ・エグゼクティブ・ローテーション」の制度をもたない地銀の場合には、さまざまな分野の「専門家・エキスパート」が「取締役」になった際に、銀行経営全般に対して最低限「大まかな」理解ができるよう、新任「取締役」向けの「エグゼクティブ研修」をしっかりと行うことが必要となってくる。

それでは、新任「取締役」に対して、具体的に「どのようなこと」を「どのような人物」が教えていくのか。たとえば、銀行全体の収益の組立て、リスク管理のさまざまな手法、人員計画の構成、マーケットでの運用・調達の基本、そしてコンプライアンスの概要などがまずあげられよう。しかしながら、それまで「専門家・エキスパート」の道を「究めてきた」新任「取締役」ほど、社会全体の動き、それもグローバル規模でみた社会経済の動きについては、全体を俯瞰するのではなく、部分的にしかみてこなかったかもしれない。

したがって、あらためて「取締役」としての視点から、そうしたものを「学び直す」必要がある。そして、当然のことながら、その際の「教育者」はまさに「一流の人材」、言い換えれば「本物」でなければならない。日本の問題であれば、テーマごとの専門家である「一流の人材」、また、グローバルな問題であれば、それにふさわしい海外の「一流の人材」に「教育」してもらうことが重要であろう。

ただ、こうした「設《しつら》え」を地銀一行で行うのは、さまざまな意味において、あまりにも負担が大きいため、何行かの地銀が連携して行うことが望ましいと考える。金銭的にいえば、その負担は決して「小さくない」かもしれないが、将来の「各地銀」を背負って立つ新任「取締役」をしっかりと育てると思えば、決して「高すぎる」投資ではないと筆者は考えるのである。

# おわりに

「はじめに」において、地銀の「経営戦略」の重要性について記載した。それでは、「経営戦略」を考えるにあたって、まず行わなければならないことは何であろうか。それは間違いなく、今後のある一定期間にわたる「地銀を取り巻く経営環境」の「想定」である。なぜなら、この「想定」をしっかりと行わないと、「経営戦略」の「立ち位置」すらも「危うく」なり、その「信頼性」を失うことになりかねないからである。

したがって、こうした「想定」は、「経営戦略」を策定するにあたり、最も重要な「基礎」を成す「きわめて重要な仕事」であるといっていい。しかも、「自行」ではなく「地銀全体」の経営環境の「想定」である。

こうしたことをいうと、「なぜ「自行」ではなく「地銀全体」の経営環境なのか。自行の経営戦略を考えるにあたり、地銀全体のことなど考える必要はない。それに、そもそも地銀はそれぞれよって立つ地域や、財務体質、収益構造、さらには幅広い意味での「営業力」に違いがあり、共通の想定など、そもそも無理がある」という声も聞こえてきそうである。だが、はたして本当にそうであろうか。

筆者もそうした各地銀の地域性や財務体質、収益構造、さらには幅広い意味での「営業力」など、個々の点に違いがあることは十分承知しているし、それにより、各地銀がとるべき経営戦略が当然異なってくることは十分理解している。ただ、あまりにも、そうした個々の「違い」ばかりに目が行き過ぎると、「想定」のなかで大変重要なポイントを逆に見失ってしまうのではないか、と考えるのである。

すなわち、各地銀が「自行」という「閉じた」世界で、その経営環境を想定する場合、ややもすると「近視眼的」なものに陥る危険性がある、と考えるのである。たとえば、ホームマーケットの「地域特性」や、そこで活動し生活する法人・個人の「行動特性」をふまえて、地元シェア拡大のために、「ある戦略」をとる、と考えた場合、そうした「地域特性」や「行動特性」は日本全体の「それら」から完全に独立したものとして存在しえるのか、という問題である。

また、地銀のライバルは過去も現在も多く存在しているが、将来においても現在想定できないようなさまざまな業態・企業が出現・参入し、各々ユニークかつ革新的な商品・サービスを提供することにより、地銀に攻勢をかけてくるかもしれない。加えて、現在、都市部においてのみ事業を展開するライバルが、将来、機が熟し、条件さえ整えば、地方のマーケットに怒涛のように押し寄せ、地元地銀に激しく攻勢をかけてくる可能性も否定できない。

さらには、一〇〇年か、一〇年に一度といわれる「リーマンショック」のような「大事件」が、近い将来すぐに起きる可能性は低いにしても、日本経済全体、なかんずく、金融環境全体に大きな影響を及ぼす「事件」が、今後、世界のどこかで起きる可能性は十分想定される。そしてそうした「事件」は当然のことながら、日本の都心部だけでなく、地方の経済・金融にも大きな影響を及ぼすことはいうまでもない。したがって、世界的にみて、将来そうした「事件」を引き起こしそうな「要因」は、どういったものが考えられるのかなどについて、多面的に想定していくことは大変重要なことであろう。

すなわち、日本全体あるいは世界全体において将来起きるであろうことは、何らかのかたちで地方のマーケットに強い影響を及ぼすに違いなく、したがって、将来展望を行うにあたっては、視野を広げ、地域を超え、開かれた視点をもつことが、何にも増して重要であり、少なくとも、一地銀の将来展望を考えるにあたっては、まずもって将来の「地銀を取り巻く経営環境」を想定することから始めるべきである、と考えるのである。

では、そうした「地銀を取り巻く経営環境」を「想定」する場合、特に注意しなければならない留意点は何であろうか。筆者は次の三点がその主な留意点であると考える。

第一は、想定する「内容の範囲」である。すなわち、「経営戦略」(以下「中計」)を策定する際に、その前提となる「シナリオ」を各地銀で作成するケースがあるが、一般的には、GDP、金利、為替といった「経済指標」がその主流を成すことが多い。そしてそれに加えて、政治、経済、その他のコメントが若干でも付されていれば、一般的には、「よくできた」部類である。しかしながら、筆者は、これでは「不十分」であると考えるのである。

すなわち、これからの「地銀を取り巻く経営環境」というからには、顧客、ライバル、金融全般についての予測をしっかりと行うべきである。具体的には、顧客である法人・個人の「金融行動」、新規銀行業参入組を含めたノンバンクなど「ライバル企業の行方」、そしてそれらに多大な影響を及ぼす世界的な「金融動向」について、しっかりと「予測を立てる」べきであると考えるのである。

第二は、議論をする「メンバーの顔触れ」である。「銀行員の常識」は「世間の非常識」とよく陰口をたたかれるが、少なくとも「銀行村」で毎日仕事をしている銀行員だけで議論しても、それこそ「銀行員」の発想からは到底抜け出せない。したがって、「法人・個人の金融行動」分析の専門家、ノンバンクなどライバル企業の就業経験者、そして「世界的金融動向」調査の専門家など「外部の有識者」とも積極的に議論を行うべきである。加えて、そうした人々と「ざっくばらん」に議論することにより、たまには「銀行員」の発想から抜け出して「世間の常識」をよく理解し、そうした目で「地銀を取り巻く経営環境」を「冷静」かつ「客観的」に見つめ直すことが、非常に重要であると考えるのである。

第三は、議論するタイミングである。一般的な地銀の「中計」は三年ごとに策定されることが多いことから、こうした「経営環境」の議論も「三年ごと」に行われる可能性が高い、と筆者は想定するのだが、はたしてそれでいいのであろうか。第3章において、筆者は、取引先を取り巻く経営環境が「急激かつ大きく変化」するなかで、地銀が「日常的に行う」産業調査の重要性を指摘し、「地銀連携による産業調査」実施の必要性を説いた。

取引先と同様に、その取引先の「金融上のよきパートナー」である地銀自体を取り巻く「経営環境」についても、「急激かつ大きく変化」していることはいうまでもない。そして、外部有識者を含めた「経営環境」に係る議論の内容は、日常の「地銀経営全般」においても「おおいに役立つ」と思われることから、こうした議論を行う会議を「常設化」とまではいわないまでも、最低、四半期または半期に一回程度（一回当り二〜三日程度）の頻度で開催すべきであると考える（図表7－1参照）。しかしながら、冷静に考えれば、前述したような議論を行う会議の「設え」を地銀一行で行うのは、現実的にはかなりむずかしいように思われる。

したがって、こうしたことを、「地銀経営環境フォーラム（仮称）」として地銀複数行共同で行ってはどうか、というのが一つの考え方である（図表7－2参照）。当然、こうした議論の「結果」は各行に持ち帰り、自行の「経営戦略立案」に有効に活用するのである。また、こうした会議を四半期または半期に一回程度開催するのであれば、各行「中計」のスタート時期の「ズレ」もまったく気にならないはずである。さらには、地銀各行経営企画担当者が、会議終了後、一堂に会して、「いましがた」終了した議論について、意見交換するのもいいだろう。

またそれとは別に、現状、各行は自行を取り巻く経営環境の将来予測をどのように行っているのか、さらには、今後、地銀にとってのいちばんの「チャレンジ」はいったいどういったものなのか、などといった「本音の部分」について、「ざっくばらん」に意見交換

**図表7－1　「地銀を取り巻く経営環境」を「想定」（議論）するにあたっての留意点**

| | 課　題 | 解決の方向性 |
|---|---|---|
| ①内容の範囲 | GDP、金利、為替などの「経済指標」だけでは不十分 | A：法人・個人の「金融行動」<br>B：新規銀行業参入組を含めたノンバンクなど「ライバル企業の行方」<br>C：世界的な「金融動向」などの「予測」も必要 |
| ②メンバーの顔触れ | 銀行員だけでは「発想」の限界あり | 上記A、Cの専門家やBの就業経験者などの「外部有識者」も参加させるべき |
| ③タイミング | 「3年ごと」では不十分 | こうした議論を行う会議を、四半期または半期に1回程度（1回当り2～3日程度）は開催すべき |

**図表7－2　地銀連携による「地銀経営環境フォーラム（仮称）」開催の概要**

目　　的：10年後の地銀の経営環境を幅広く展望するため、外部の有識者を集め、地方銀行の経営企画担当者と定期的に議論する

委　　員：【外部有識者】　○法人・個人の金融行動分析専門家
　○新規銀行業参入組も含めたノンバンクなどライバル企業の就業経験者　など
　○世界的な金融動向調査専門家
【地　銀　側】　○地銀各行の経営企画担当者

開催頻度：四半期または半期に1回程度

開催日数：2～3日程度（1回当り）

そ の 他：議論した結果をペーパーにまとめ、参加した地銀各行に還元
各行ではこれを「経営戦略立案」などに活用する

をするのも大変意義のあるものと考える。

「経営戦略」というと、それだけで「極秘事項」だと「過敏」に反応する向きは多いが、経営戦略を策定する「ファーストステップ」である「地銀を取り巻く経営環境」について、外部有識者を交えながら、より効率的・効果的に地銀間でオープンに話し合うことはきわめて有益だ。

地銀を取り巻く経営環境が、「急激かつ大きく変化」するなかで、自行の「目指す姿」をしっかりと描き、それに向かって役職員が一丸となって邁進していくために、そして、ひいてはそれを、行員、株主（投資家）、顧客といったステークホルダーのさらなる発展につなげるためにも、地銀連携を有効に活用することをまさに期待するところである。

## 謝辞

この種の執筆は初めてである筆者に、的確なアドバイスをしていただいた『週刊金融財政事情』編集長の花岡博氏、また、このようなかたちで一冊の本にまとめていただいた出版部の伊藤洋悟氏にあらためて感謝申し上げたい。

最後に、家族に感謝したい。イギリスのドミトリーでの生活から解放されて、のんびりと日本の正月を過ごそうとした娘・沙織とも、ゆっくり時間がとれなかった。そして、昨年の秋から、立て続けに貴重な三連休を、何回も本稿執筆のために潰してしまったにもかかわらず、だれよりも常に筆者を励まし、支えてくれた妻・知歌子には、心から感謝したい。本書を家族に捧げる。

【ま行】



【や行】



【ら行】

【た行】



【は行】

【さ行】

## ▩事項索引▩

【英字】



【あ行】



【か行】

■著者略歴■

**伊東　眞幸**（いとう　まさき）

1978年3月一橋大学経済学部卒業、同年4月横浜銀行入行。1986年米国ミシガン大学経営大学院入学（銀行派遣）、1988年同大学院修士課程修了（MBA）。2000年5月秘書室長、2004年6月執行役員営業統括部長、2005年6月執行役員経営企画部長、2006年6月取締役執行役員経営企画部長を経て、2008年4月代表取締役。2012年6月株式会社浜銀総合研究所代表取締役社長に就任、現在に至る。2013年4月より、横浜市立大学国際総合科学部非常勤講師。



地銀連携――その多様性の魅力

---

平成26年5月9日　第1刷発行

著　者　伊　東　眞　幸
発行者　小　田　　　徹
印刷所　文唱堂印刷株式会社

---

〒160-8520　東京都新宿区南元町19
発　行　所　**一般社団法人 金融財政事情研究会**
編 集 部　TEL 03(3355)2251　FAX 03(3357)7416
販　　売　**株式会社 き ん ざ い**
販売受付　TEL 03(3358)2891　FAX 03(3358)0037
URL http://www.kinzai.jp/


---




ISBN978-4-322-12443-9